Das Neueste aus

Pott un Pann

von Heinz Holtgrefe

WESER KURIER

EDITION TEMMEN

Impressum

Die Deutsche Bibliothek – CIP-Einheitsaufnahme

Das Neueste aus Pott un Pann / Heinz Holtgrefe.
- Bremen : Ed. Temmen, 2002
ISBN 3-86108-680-8

Herausgeber: Bremer Tageszeitungen AG

Text: Heinz Holtgrefe
Illustrationen: Sonja Schadwinkel

Layout: Katja Philipsenburg

Hohenlohestr. 21 – 28209 Bremen
Tel.: 0421/34 84 3-0 – Fax: 0421/34 80 94
e-mail: info@edition-temmen.de

ISBN 3-86108-680-8

Inhalt

Vorspeisen

12 Carpaccio von Kohlrabi
13 Frühlingsrollen
14 Junger Spinat
15 Lammfleischbällchen
16 Rosa Champignons

Salate

18 Köstlicher Salat
20 Leipziger Allerlei als Salat
21 Rustikaler Salat
22 Salade Niçoise
24 Salat nach Art des Frühlings

Suppen

26 Consommé von der Taube
27 Cremige Suppe von Schwarzwurzeln
28 Kräftiger Eintopf
29 Morchelsuppe
30 Schaumige Selleriesuppe

Pasta, Reis & Kartoffeln

32 Ausgelöste Miesmuscheln
33 Herbstliches Risotto
34 Klassische Lasagne
36 Nasi Goreng
37 Ravioli
38 Tagliatelle
40 Vollkornspätzle

Dies & Das

Falafel 42
Drei-Gänge-Menü mit Steinpilzen 44
Klassische Fonds 45
Pizza 46
Pikant angemachter Bulgur 48
Pochierte Eier 50
Salbei 52
Sauce Béarnaise 54
Schlanke, schnelle Wok-Küche 55
Würzig rustikaler Auflauf 56

Fisch

Fischbeilage: Grüner Spargel 58
Gebratener Kabeljau 60
Gefüllte Tintenfische 61
Lasagne 62
Lachs sanft gebraten 64
Rotbarsch gedämpft 66
Rotbarschfilets sanft gebraten 68
Sanft gegartes Lachsfilet 69
Seelachsfilets 70
Thunfisch in Sesamsaat 72

Fleisch

74 Ausgehöhlte Zucchini
75 Beinscheiben vom Kalb oder Rind
76 Gebratener Hasenrücken
78 Geschmorte Lammhaxen
79 Großer Schweinebraten
80 Hackbraten
82 Klassisches Hühnerfrikassee
84 Kohlrouladen
86 Masala-geschärftes Gulasch
87 Poularde in Noilly-Prat-Sauce
88 Rinderfilet
89 Rinderrouladen
90 Sauerbraten
92 Wiener Schnitzel

Desserts

94 Birne Helene
96 Crème brûlée
97 Hauchdünne Crêpes
98 Komposition aus Erdbeeren
99 Petits Fours
100 In Riesling gedünstete Äpfel

Ostermenüs

Thunfischmousse 102
Seeteufel 103
Zarte Schokoladencreme 104

Gebratenes Kabeljaufilet 106
Geschmorte Kaninchenkeulen 108
Quark-Soufflé 110

Weihnachtsmenüs

Burger von Lachs 112
Entenbrust 114
Karamellisierte Ananas 116

Luftige Mousse von Räucheraal 118
Sanft gekochter Tafelspitz 119
Zimtparfait 120

Index

von A – Z 122

Liebe Leserinnen und Leser,

vor rund zehn Jahren kam »Das Beste aus Pott un Pann« auf den Markt. Vom Erfolg war nicht nur ich völlig überrascht. Innerhalb kürzester Zeit musste die Rezeptsammlung aus dem »Kurier am Sonntag« in einer zweiten Auflage gedruckt werden.

Kochen am heimischen Herd war seit 1983 das Thema meiner Kolumne. Mal einfach, mal mit viel Aufwand, mal exotisch, mal urdeutsch – aber immer mit Sorgfalt und Liebe und immer mit möglichst frischen Zutaten der Saison. So sind im Laufe der Jahre über 1000 Rezepte veröffentlicht worden, an Themen und Ideen mangelte es nicht.

Was hat sich verändert im Laufe von 20 Jahren »Pott un Pann«? Die gute Küche hat in weiten Teilen der Bevölkerung eine noch breitere Basis gefunden. Auf der anderen Seite setzen Fast Food, Mikrowelle und Fertigpizza ihren Siegeszug fort. Ein Widerspruch? Nein! Die schnelle Abfütterung und der Genuss einer sorgfältig zubereiteten Mahlzeit sind offenbar zwei Paar Schuhe: hier die Wurst im Stehen, dort das üppige Menü in geselliger Runde.

Ich esse selbst gern ein Stück Backfisch auf die Schnelle, ein leckeres Brötchen im Gehen, notfalls auch mal eine Currywurst. Aber mit Genuss hat das nichts zu tun. Der entsteht erst beim sorgfältigen Aussuchen von Zutaten, beim Schlendern über den Markt, beim Vorbereiten, bei der schonenden Zubereitung und schließlich am Esstisch. Am liebsten mit der Familie oder in einer Runde gleich gesinnter Menschen.

Der pure Luxus, aber ein bezahlbarer. Die Zeit, die man sich und seinen Mitmenschen mit einem Menü gönnt, macht den eigentlichen Wert aus, nicht Kaviar oder Hummer. Selbst die einfachsten Dinge von Spinat bis Pasta werden in netter Gesellschaft zum Erlebnis.

Ich lade Sie ein, kochen Sie mit! Vielleicht erst die einfacheren Rezepte, später auch mal ein etwas schwierigeres Gericht. Und falls auch junge Leute an dieser Stelle mitlesen: Traut euch! Kocht einfach drauf los, genießt mit euren Freunden die erste selbst gemachte Pizza, die leckere Roulade, den feinen Salat.

Auch mein Interesse an der Kocherei begann auf Anfänger-Niveau im Studenten-Wohnheim. Im Laufe der Jahre haben mir viele Profis und Hobbyköche Tipps und Kniffe verraten. Ich möchte an dieser Stelle vor allem Rolf Diehl und Manfred Schütte Dank sagen. Der eine ein Spitzenkoch, der seiner Zeit mit dem Restaurant an der H.-H.-Meier-Allee einfach zu weit voraus war, der andere ein besessener Lustesser und -koch, der mit mir viele Rezepte in Gedanken und am Herd durchgekocht hat. Gute Ratgeber über all die Jahre waren Rüdiger König, Chefkoch in Grashoffs Bistro, Peter Hauptmeier, Chefpatissier im Park Hotel und später im Hotel zur Post, Tom und Holle Schmidt vom Topaz sowie Arnd Feye, Chefkoch im Restaurant »L'Orchidée«.

Dank auch an meine Frau und unsere Kinder, die immer geduldige Versuchskaninchen waren. Ich versichere Ihnen: Meine Familie hat nicht immer begeistert applaudiert, wenn ich die Teller auf den Tisch gebracht habe.

Dank schließlich auch an Sie, liebe Leserinnen und Leser. Sie haben mich über all die Jahre sehr freundlich begleitet. Mit Anrufen, Faxen, Briefen und neuerdings auch mit E-Mails. Unzählige Rezepte habe ich aus meinem Archiv verschickt, wenn mal wieder ein Ausschnitt aus der Zeitung verloren gegangen war. Möge »Das Neueste aus Pott un Pann« zum Ende der Zettelwirtschaft beitragen und Ihnen die eine oder andere neue Anregung geben. Viel Spaß beim Nachkochen und guten Appetit wünscht

Heinz Holtgrefe

Vorspeisen

Carpaccio von Kohlrabi

Zutaten (4 Personen):

100 g	Parmaschinken
2	Kohlrabi
1	Bund Rucola
	Olivenöl
	Zitrone
	Pfeffer, Salz
	Parmesan

Was bei Fisch oder Fleisch nur in angefrorenem Zustand perfekt gelingt, ist bei Gemüse eine einfache Übung. Gurkenhobel oder Allesschneider leisten gute Dienste, besonders dünn geht es mit einer Mandoline, dem professionellen Küchenhobel. Die Zubereitung ist ganz einfach und geht herrlich schnell. Allerdings sollten die Kohlrabischeiben nicht auf Vorrat gehobelt werden, da sie leicht antrocknen, sich dann wellen und nicht sonderlich appetitanregend aussehen.

Die Kohlrabi gründlich schälen, auf dem Hobel in hauchdünne Scheiben schneiden. Hauchdünn heißt höchstens zwei Millimeter dick. Das Gemüse wird schließlich roh gegessen, da wirkt es dicker, grob und undelikat. Mit den Scheiben große Eßteller dachziegelartig auslegen. Mit Pfeffer und Salz würzen. Wer seinem Carpaccio eine etwas exotische Note verleihen will, kann es mit Aceto balsamico und/oder mit Sojasauce einpinseln. Besonders fein und gleichmäßig wird diese Art der Würze, wenn Essig und Sojasauce mit einem Zerstäuber aufgesprüht werden.

Auf dem Gemüse werden sorgfältig geputzte, gewaschene und trockengeschleuderte Blätter der Rauke verteilt. Rucola verträgt sich geschmacklich ganz hervorragend mit Parmaschinken, der nun zum Einsatz kommt.

Die zerpflückten, ebenfalls hauchdünn geschnittenen Scheiben werden auf dem Gemüse verteilt. Ästheten geben sich mit den hingeworfenen Scheiben nicht zufrieden, sie legen den Schinken sorgfältig ausgerichtet über Kohlrabi und Salatblätter. Das ist jedoch nur etwas fürs Auge, nicht für den Geschmack.

Für den Geschmack von überragender Bedeutung ist allerdings die Qualität des Olivenöls, das Sie nun großzügig über das Carpaccio geben. Am besten geht das in einem spiralförmigen Guß, so wird das Öl gleichmäßig über den Teller verteilt. Besonders gut paßt zu diesem leichten, erfrischenden Gericht ein Olivenöl, das mit Zitrone oder Limette aromatisiert ist. Einen ähnlichen, aber nicht denselben Effekt erreichen Sie mit ein paar Tropfen Zitrone, die Sie über Kohlrabi und Schinken geben.

Als letzte Zutat kommt Parmesan über die Vorspeise. Wer jetzt zum liegengebliebenen Käsetütchen aus der Miracoli-Packung greift, bekommt von mir und dem Osterhasen die gelbe Karte für Küchenpfusch. Das staubtrokkene Zeug hat Hausverbot, nur frisch geriebener oder gehobelter Käse ist dem feinen Carpaccio angemessen. Reiben Sie den Parmesan aber bitte nicht zu fein. Für eine gute Geschmacksentwicklung im Mund bedarf es offensichtlich einer Mindestgröße der Krümel. Probieren Sie es einmal aus. Besonders lecker schmeckt die Kombination von Gemüse, Fleisch, Öl und Käse, wenn der Parmesan ebenfalls hauchdünn gehobelt wird.

Frühlingsrollen

Kaum ein China-Restaurant, in dem nicht Frühlingsrollen auf der Speisekarte stehen. Oftmals werden diese gebackenen Teigtaschen als Vorspeise in einem Menü gereicht. Wenn Sie Lust auf Frühlingsrollen haben, dann muss dies nicht unbedingt mit einem Restaurant-Besuch verbunden sein, die notwendigen Zutaten sind in Asienläden zu bekommen.

Allen Frühlingsrollen gleich ist die Hülle, die aus hauchdünnen Teigblättern besteht. Diese bekommen Sie frisch oder tiefgefroren und in verschiedenen Größen, je nachdem, ob Sie ausgewachsene Frühlingsrollen oder Miniröllchen zubereiten wollen. Ob große oder kleine Rollen: Die Zutaten müssen immer ziemlich klein geschnippelt werden, damit die empfindliche Hülle nicht verletzt wird.

Das Geflügelfleisch sauber parieren und in feine Würfel von höchstens einem Zentimeter Kantenlänge schneiden. Knoblauchzehe und Ingwer schälen und in feine Würfel schnippeln. Die Karotte und die Frühlingszwiebeln werden in streichholzgroße Stifte verwandelt und die Sojasprossen einfach nur gewaschen. Die rote Chilischote längs halbieren, die Kerne auskratzen und die Frucht in Halbringe schneiden. Bitte die Hände sehr sorgfältig waschen! Es brennt höllisch, wenn man sich mit den Chilifingern versehentlich durchs Gesicht fährt. Wer nicht hören will, muss weinen!

Los geht's mit dem Arbeitsdienst an der Pfanne. Zunächst das Hühnerfleisch in Öl nicht zu scharf anbraten, die Streifen von den Karotten und den Frühlingszwiebeln sowie die Sojasprossen zufügen. Ein paar Minuten sacht anziehen lassen. Mit etwas Sojasauce und einem Schuss Sesamöl ablöschen, die Chilistreifen zugeben und alles höchstens zehn Minuten sanft köcheln lassen, von der Flüssigkeit soll nach Abschluss dieser Prozedur kaum noch etwas übrig sein. Mit Salz, Pfeffer und eventuell einer Prise Zucker abschmecken. Ganz zum Schluss den gezupften und fein gehackten Koriander unterziehen. Dieses war der erste Streich, doch der zweite folgt sogleich. Jetzt geht es um die Füllung der Teigplatten. Diese breite ich auf einer Arbeitsfläche so aus, dass die Quadrate auf der Spitze stehen. In die Mitte platziere ich jeweils einen Löffel von der Füllung und dann geht es zu wie am Packtisch bei Karstadt im Weihnachtsgeschäft.

Gerollt wird so: Die untere Ecke ein Stück weit über die Füllung ziehen und leicht andrücken. Nun erst die linke, dann die rechte Spitze genau bis auf die Mitte der inzwischen verhüllten Füllung klappen und ebenfalls andrücken. Schließlich die verbliebenen Ränder mit Eiweiß einstreichen und Päckchen vom Körper weg aufrollen. Die Ränder andrücken, die Rollen auf der Schlussnaht etwas ruhen lassen. Hasch mich, jetzt kommt der Frühling. Die Friteuse ist angeworfen, das Fett gurgelt bei etwa 175 bis 185 Grad vor sich hin. Die Frühlingsrollen darin goldbraun ausbacken. Anschließend gut abtropfen lassen und zusätzlich auf ein paar Lagen Küchenkrepp entfetten.

Als Sauce passt eine schlichte Sojasauce sehr gut, man kann jedoch aus dem reichhaltigen Angebot der Asienläden auch anspruchsvollere Begleiter zusammenrühren. Wenn Ihnen die Frühlingsrollenversion mit Huhn und Gemüse gefallen hat, dann probieren Sie doch mal eine Füllung mit Garnelen oder Fisch aus.

Zutaten (4 Personen):

250 g	Hähnchenbrustfilet
100 g	Sojasprossen
2	Karotten
1	Bund Koriandergrün
1	Knoblauchzehe
1	Stück frischer Ingwer
1	Bund Frühlingszwiebeln
1	rote Chilischote
	Teigblätter
	Sesamöl
	Sojasauce
	Pflanzenöl zum Frittieren
	Öl
	Pfeffer, Salz

Junger Spinat

mit Rosinen, Mandeln und allerlei exotischen Gewürzen

Zutaten (4 Personen):

1 kg Spinat
50 g gestiftelte Mandeln
50 g Rosinen
2 Schalotten
1 Knoblauchzehe
Weißwein
Zitrone
Rosenpaprika
Kreuzkümmel
Olivenöl

Bevor es hier am Herd richtig losgeht, muss ich Ihnen eine kleine Begebenheit vom vergangenen Sonntag erzählen: Eigentlich hatte ich mich küchentechnisch schon auf Frühling eingestellt, es sollte in der Brühe gar gezogene Poulardenbrüste geben. Doch dann kamen der Schnee, die Sonne, die klare Luft, ein langer Spaziergang – und damit urplötzlich die Lust auf Kohl und Pinkel. Ein letztes Mal für dieses Jahr. Gedacht, getan.

Inzwischen ist der Schnee weg und damit hat der Frühling auf dem Teller nun wieder Vorfahrt. Da passt mir der junge italienische Frühlingsspinat richtig gut in den Kram. Den werde ich als lauwarme Vorspeise mit Mandeln und Rosinen sowie exotischen Gewürzen zubereiten. Machen Sie mit? Das ist eine herrliche Vorspeise, die lauwarm gereicht wird, aber auch zu gebratenem Fleisch macht sich der Spinat – dann allerdings heiß – sehr gut.

Wenn Sie ein Kilo Spinat einkaufen, dann erschrecken Sie womöglich angesichts der Menge Gemüse, die da in der Tüte ist. Doch keine Bange! Der Spinat fällt im Topf beim Garen mächtig zusammen, so viel bleibt davon nicht. Das Gemüse zunächst gründlich waschen. Sehr gründlich sogar, denn Spinat bringt sehr viel Sand mit, darauf kaut niemand gern herum. Die dicksten Stiele abknipsen, die Blätter einmal kräftig ausdrücken.

Nun schäle ich die Schalotten und schneide sie in feine Würfel. Die Knoblauchzehen pelle ich und drücke sie mit der Messerschneide an. Es gibt übrigens schon frischen Knoblauch, dessen Zehen können Sie pellen, einfach mit in den Topf werfen und später mitessen.

In gutem Olivenöl schwitzen Sie Schalottenwürfel und Knoblauch in Ihrem größten Kochtopf an, ohne dass beide Farbe ziehen. Den Suppentopf benötigen Sie für die große Menge Spinat, selbst wenn die innerhalb kürzester Zeit zusammenfällt. Den Spinat sowie einen Schuss Weißwein zugeben und alles im geschlossenen Topf ein, zwei Minuten heiß werden lassen. Das bisschen Flüssigkeit reicht aus, um im Topf Dampf entstehen zu lassen und den Spinat zu garen.

Deckel runter – und dann sehen Sie die wundersame Schrumpfkur des Spinats. Während die Flüssigkeit verdampft, würzen Sie mit Salz, Pfeffer, Zitrone sowie mit Rosenpaprika und gemahlenem Kreuzkümmel. Mehrfach abschmecken, die Knoblauchzehen herausfischen.

Die Mandelstifte ohne Fett in der Teflonpfanne anrösten – jedoch nicht zu dunkel werden lassen. Die Rosinen habe ich ein paar Stunden in etwas Weißwein eingelegt, lasse sie jetzt abtropfen und mische sie mit den Mandeln unter den Spinat. Fertig ist die Gemüsebeilage zu einem Fleischgericht.

Für die angekündigte Vorspeise richte ich den Spinat mit den Rosinen und Mandeln auf einer großen Servierplatte an und lasse ihn ein wenig abkühlen. Etwas Schafskäse drüber bröckeln und mit frischem Olivenöl beträufeln.

Wenn Sie die Platte auf den Tisch stellen, warmes Fladenbrot und ein paar schwarze Oliven dazu reichen, ein Glas Weißwein einschenken – dann ist Frühling und die Kohl-und-Pinkel-Zeit ganz weit weg.

Lammfleischbällchen

gefüllt mit Schafskäse an einer Joghurtsauce mit Minze

Fingerfood statt opulenter Menüs – dieser Trend setzt sich auch im Jahr 2000 fort. In der Ferienserie von »Pott un Pann« haben Ihnen im vergangenen Jahr Bremer Köche ihre Kreationen »Von der Hand in den Mund« vorgestellt.

Ich greife heute das Thema mal wieder auf, stelle Ihnen ein Rezept mit Lammfleisch vor. Es gibt Hackbällchen, die mit Schafskäse gefüllt werden und von einer Minzsauce auf Joghurtbasis begleitet werden. Nun könnte man die kleinen Kugeln auch als Mini-Buletten bezeichnen, aber dafür sind sie denn doch zu exotisch im Geschmack. Der kommt von Thymian, Knoblauch und Schafskäse, aber vor allem vom Lammfleisch. Das ist für Hackfleischgerichte aller Art bestens geeignet, weil es ein kräftiges und dennoch feines Aroma mitbringt.

Lammhack werden Sie kaum beim Schlachter finden, allenfalls bei einem türkischen. Ansonsten sind Sie und Ihre Moulinette oder Ihr Fleischwolf gefragt. Basis für die Frikadellen ist stark zerkleinertes Fleisch aus den weniger edlen Teilen des Lamms. Schulter, Hals und andere durchwachsene Stücke sind genau das Richtige. Die ganz groben Häute, Sehnen und Fettschichten wegschneiden, der Rest wird in der Moulinette gekuttert oder durch den Fleischwolf getrieben. Aus dem Fleischteig die unzerkleinerten Sehnen herausfischen, denn die kauen sich später schlecht.

Wer es noch einfacher haben will, greift zu fix und fertigem Tiefkühl-Lammhack aus Neuseeland. Dann müssen Sie allerdings den Eisklumpen über Nacht im Kühlschrank langsam und damit schonend auftauen lassen.

Ob aus der Tiefkühltruhe oder frisch zubereitetes Hack, die folgenden Arbeiten sind identisch: Das eingeweichte, ausgedrückte Brötchen, die fein gewürfelte Zwiebel und zwei durchgepresste Knoblauchzehen mit dem Lammhack mischen. Mit frischem oder getrocknetem Thymian, schwarzem Pfeffer aus der Mühle und Salz kräftig abschmecken.

Aus dem Bulettenteig etwa 20 Portionen teilen und diese als flache Fladen auf eine Arbeitsfläche legen. Den Schafskäse in eine entsprechende Zahl von Würfeln teilen, auf jeden Hackfladen kommt ein Stück Käse. Die einzelnen Portionen nun zwischen den Händen vorsichtig zu Kugeln formen. Die werden anschließend in wenig Öl bei nicht zu großer Hitze etwa zehn Minuten gebraten, dabei mehrmals wenden. Wer es etwas exotischer mag, wälzt die Hackbällchen vor dem Braten noch in Sesamsaat. Schmeckt super!

Nun zur Sauce. Dafür die Minze waschen, trocken schleudern, zupfen und in feine Streifen schneiden. Die restlichen zwei Knoblauchzehen pellen und durchpressen. Kräuter und Knoblauch mit dem Joghurt vermischen, die Sauce mit viel Pfeffer und wenig Salz abschmecken. Sie müssen nämlich bedenken, dass der Schafskäse in den Hackbällchen auch schon Salz enthält.

Zu den Lammbällchen gibt es knusprigwarmes Fladenbrot, Wasser, Bier oder einen eher anspruchslosen Weiß- oder Rotwein. Man kann jedoch auch gesüßten Pfefferminztee dazu probieren.

Zutaten (4 Personen):

500 g	Lamm-Hackfleisch
500 g	Joghurt
125 g	Schafskäse
4	Knoblauchzehen
1	altbackenes Brötchen
1	Zwiebel
1	Bund Minze
	Thymian
	Öl
	Pfeffer, Salz

Rosa Champignons

dünn gehobelt und als Kontrastprogramm in dicker Sahne

Version 1 (4 Personen):

250 g rosa Champignons
Olivenöl
Pfeffer aus der Mühle
Salz aus der Mühle

Version 2 (4 Personen):

250 g rosa Champignons
2 Schalotten
1 Bund glatte Petersilie
1 Knoblauchzehe
1 Becher Crème fraîche
Zitrone
Butter
Pfeffer, Salz

Darf es noch ein Schlag Butter extra sein? Oder vielleicht ein Schuss Sahne? Lange Jahre waren diese fetten Milchprodukte der Inbegriff für gute Küche. Doch die Zeiten haben sich geändert und sie ändern sich weiter. Fitness und Gesundheit sind angesagt und damit leichtere Zubereitungen. Weniger Fett insbesondere und wenn schon Fett, dann Olivenöl.

Feines Essen ohne Sahne und Butter – das ist für manche Esser kaum vorstellbar. Selbst wenn Sie skeptisch sein sollten: Trauen Sie sich doch einmal an die modernere, leichtere Küche heran und urteilen Sie anschließend selbst, welcher Stil Ihnen besser schmeckt.

Zum Ausprobieren biete ich Ihnen heute rosa Champignons als Vorspeise in zwei Zubereitungen an, die eine mit etwas Olivenöl, Pfeffer und Salz, die andere klassisch mit viel Sahne.

Für die zweite Version: Die Pilze mit einem Gemüse- oder Trüffelhobel sehr dünn schneiden und dekorativ auf Tellern anrichten. Mit Salz und Pfeffer würzen und mit bestem Olivenöl beträufeln. Keine Frage, dass es bei diesen wenigen Zutaten auf beste Qualität ankommt. Das Salz aus der Mühle sorgt für einen etwas körnigen Biss und wirkt auf der Zunge völlig anders als das normale feine Salz.

Nach dieser leckeren Form von Magerkost folgt das absolute Kontrastprogramm. Die klassische Zubereitung für Champignons ist die in Sahne, also à la crème.

Die Champignons putzen und vierteln. Die Knoblauchzehe und die Schalotten pellen und fein würfeln. Diese kleinen Würfel in Butter anziehen lassen. Die Pilze zugeben und ebenfalls nicht zu kräftig anbraten. Die Hälfte der Sahne angießen und einkochen lassen. Den Rest der Crème fraîche zugeben und etwas reduzieren. Mit Salz, Pfeffer und Zitrone abschmecken. Auf Tellern anrichten und mit der fein gehackten Petersilie bestreuen.

Nun mal Hand aufs Herz! Welche Zubereitung hat Ihnen besser geschmeckt? Ich mag das für mich nicht so eindeutig und endgültig entscheiden. Beide haben ihren Reiz, aber wenn ich daran denke, dass sich auf meinen Rippen schon genug Speck befindet, dann werde ich mich doch lieber für die magere Variante entscheiden. »Aber bitte mit Sahne« gönne ich mir dann nur noch als Ausnahme.

Salate

Köstlicher Salat

aus weißem, violettem und grünem Spargel mit einer Orangen-Vinaigrette

Zutaten (4 Personen):

250 g weißer Spargel
250 g violetter Spargel
250 g grüner Spargel
1 unbehandelte Orange
Weißweinessig
Senf
Traubenkernöl
Olivenöl
Pfeffer, Salz

Es ist unter Spargelfreunden ein uralter Streit, welche Sorte denn am besten schmeckt. Nienburger, Verdener, Tarmstedter, Schwetzinger: Ich bin da diplomatisch: Taufrisch muss er sein und aus gesundem Boden stammen. Doch die Herkunft allein ist erst die halbe Miete. Da gibt es ja durchaus auch noch Farbunterschiede. Die sind für den Geschmacksunterschied viel gravierender als der Anbauort.

Die am meisten geschätzte Sorte ist der rein weiße Spargel, unter der schützenden Erde gewachsen. Sobald ein solcher Spargel seinen Kopf auch nur einen Millimeter vorwitzig ans Tageslicht stecken will, kommt der Spargelstecher – und ab in den Korb damit.

Hat die Stechertruppe mal kollektive Kopfschmerzen oder einen anderen Grund, das Feld Feld sein zu lassen, dann wachsen die Stangen oberirdisch weiter. Die Folge: Durch das Sonnenlicht verfärben sich die Köpfe violett. Sie verfärben sich jedoch nicht nur, sie bekommen auch einen deutlich gemüsigen Geschmack, was durchaus nicht abwertend gemeint ist.

Ein noch rustikalerer Typ ist grüner Spargel. Hier überwiegt das Gemüsearoma, oftmals geht es in die Richtung von Erbsen. Vorteil gegenüber weißer und violetter Ware: Grünspargel verholzt nicht so stark, kann deshalb meist weniger großzügig geschält werden.

Wozu ich Ihnen das alles erzähle? Weil ich Ihnen, liebe Leserin, lieber Leser, heute einen Spargelsalat servieren möchte. Einen Spargelsalat genau aus den drei beschriebenen Sorten. Das ist erstens geschmacklich recht reizvoll, zweitens auch optisch ein appetitanregendes Gericht. Die Klammer für die drei Spargelsorten ist eine Vinaigrette, die deutlich mit Orange abgeschmeckt wurde. Sie werden schmecken: eine wunderbare Kombination.

Auf zum Gemüsehändler, in den Supermarkt, auf den Wochenmarkt. Für vier Vorspeisen reicht von jeder Sorte ein halbes Pfund.

Wie bei jedem Spargelgericht geht die Sache mit dem Schälen los. Gründlich, kompromisslos, ohne falsche Sparsamkeit. Von allen Stangen werden die Köpfe etwa daumenlang abgeschnitten und vom Rest getrennt aufbewahrt. Auch bei diesen nun kopflosen Spargeln wird getrennt: Weiße und violette zusammen, grüne einzeln. Der Grund liegt auf der Hand, der grüne Spargel hat eine kürzere Garzeit als der weiße.

Nun ist ein scharfes Messer dran. Damit schnippeln Sie die Spargelstangen schräg in knapp einen Zentimeter lange Stücke. Die werden in Salzwasser knapp gegart. Erst die weißen und violetten, dann getrennt die grünen. Zwischendurch immer wieder ein Stückchen probieren. Der Spargel soll durchaus noch Biss haben.

Wenn er Ihrer Meinung nach richtig gegart ist, mit einer Schaumkelle aus dem Wasser heben, mit eiskaltem Wasser abschrecken, damit der Garvorgang gestoppt wird. Mit den Köpfen ebenso verfahren, sie brauchen eine noch kürzere Garzeit. Köpfe und Abschnitte auskühlen und auf Küchenkrepp sehr gut abtropfen lassen.

In eine Schüssel kommen nun die Abschnitte der drei Spargelsorten, in eine zweite die Köpfe. Darin werden sie in der Vinaigrette mariniert, die folgendermaßen zubereitet wird: Einen Esslöffel Weißweinessig mit zwei Esslöffeln Orangensaft sowie einem knappen Teelöffel Senf, Salz und frisch gemahlenem Pfeffer vermischen. Zwei Esslöffel Traubenkernöl und zwei Esslöffel Olivenöl unter die Mischung schlagen und zum Schluss abgeriebene Orangenschale zufügen. Die Vinaigrette soll deutlich nach Orange schmecken, dieses Aroma passt prima zum Spargel.

Abschnitte und Spitzen mit der Salatsauce übergießen, vorsichtig durchmischen und eine Viertelstunde ziehen lassen. Die Spargelabschnitte auf dem Boden eines Tellers anrichten, die unterschiedlich gefärbten Köpfe dekorativ darauf anrichten. Spargel pur in drei Sorten, Frühling pur auf dem Teller.

Leipziger Allerlei als Salat

mit frischen Flusskrebsen und einer Weißwein-Vinaigrette

Zutaten (4 Personen):

500 g	Spargel
250 g	Erbsen
200 g	rosa Champignons
200 g	Karotten
2 EL	Weißweinessig
6 EL	Traubenkernöl
20	Flusskrebse
2	Schalotten
2	Nelken
1	Bund Kerbel
1	Bund Suppengrün
1	Zwiebel
1	Lorbeerblatt
	Öl, Butter
	Pfeffer, Salz

Das Thema ist Leipziger Allerlei, das meist als Beilage aus der Dose von zweifelhafter Qualität zum Schweinebraten serviert wird. Doch nix da mit Dosenöffner, bei »Pott un Pann« wird noch von Hand gearbeitet. Es gibt einen lauwarmen Salat aus den Zutaten Spargel, Erbsen, Champignons, Schalotten und Karotten, dazu frisch abgekochte Flusskrebse oder gebratene Riesengarnelen. Dazu eine Vinaigrette mit viel Kerbel.

Für die nächsten 20 Minuten ist das scharfe Messer das Hauptwerkzeug. Den Spargel gründlich schälen und in daumenlange Stücke schneiden. Die Erbsen auspulen, die Schalotten pellen und fein würfeln, die Pilze putzen, die Karotten schälen und in Scheiben schneiden. Mit dem gezackten Buntmesser sieht das besonders attraktiv aus. Nun werden die Gemüse eines nach dem anderen in Salzwasser gekocht. Die Bissprobe signalisiert jeweils den richtigen Gargrad. Wenn alles zu Ihrer Zufriedenheit ist, das Gemüse aus dem Kochwasser heben und kurz unter kaltem Wasser abschrecken. So ist der Kochvorgang schlagartig unterbrochen, die Gemüse bleiben jedoch warm.

Nicht gekocht, sondern gebraten werden die Schalottenwürfel und geviertelten Pilze. In einer Mischung aus Traubenkernöl und Butter zunächst die Schalottenwürfel sacht anziehen lassen, dann die Pilze zufügen und die Hitze etwas erhöhen. Mit Salz und Pfeffer würzen.

Alle gekochten und gebratenen Gemüse in eine große Salatschüssel geben. Darüber kommt eine Vinaigrette, die Sie aus Weißweinessig, Pfeffer, Salz, vielleicht einer Spur Senf sowie Traubenkernöl aufgeschlagen haben. Den frühsommerlichen Pfiff erhält die Salatsauce durch fein gehackten Kerbel. Diese gekräuterte Vinaigrette über das Leipziger Allerlei geben, alles ganz vorsichtig durchmischen und zehn Minuten ziehen lassen.

In der Zwischenzeit schlägt das letzte Stündlein für die Flusskrebse. In einem großen Suppentopf bringen Sie Wasser zum Kochen, fügen Salz, Pfefferkörner, ein Lorbeerblatt, zwei Nelken, das geputzte und gewürfelte Suppengrün, die klein geschnippelte Zwiebel sowie einen Schuss Essig bei. In diesem Sud fünf Krebse töten, die nächsten Tiere erst dann zufügen, wenn das Wasser wieder sprudelnd kocht. Die Schalentiere werden blitzartig knallrot, insgesamt sollten sie höchstens fünf Minuten gar ziehen.

Die toten Viecher in kaltem Wasser etwas abkühlen lassen, dann die Krebsschwänze vorsichtig ausbrechen und die Därme herausziehen.

Wer nicht den notwendigen Killerinstinkt am Herd hat, kann auch auf Riesengarnelen zurückgreifen, davon dürften drei Stück pro Nase reichen. Die ausgelösten Schwänze werden in wenig Öl ein bis zwei Minuten gebraten. Krebsschwänze oder Garnelenschwänze zu dem angerichteten Leipziger Allerlei-Salat servieren. Wenn ein Riesenhunger plagt, ein paar Scheiben Baguette zum Salat reichen. Und bei Riesendurst? Erste Wahl ist Mineralwasser, aber dann darf es durchaus ein Glas Weißwein sein. Mein Favorit wäre ein Sauvignon blanc, denkbar ist auch ein trockener fränkischer Silvaner.

Rustikaler Salat

lauwarm serviert mit viel Gemüse und einer Portion Roquefort

Schimmel hat gemeinhin in der Küche nichts zu suchen. Schimmel an der Marmelade, Schimmel am Brot – da bleibt nur der Mülleimer. Aber es gibt Arten von Schimmel, da bekommen Liebhaber verzückte Augen. Ein Beispiel dafür ist Roquefort, der herbe Blauschimmelkäse aus Frankreich. Die Deutschen haben das Original deutlich abgemildert, es ist unter der Markenbezeichnung Bavariablu im Handel.

Die unvergleichliche Geschmacksrichtung dieses Käses eignet sich bestens als Würze für eine Vinaigrette. Allerdings dürfen die Salatzutaten nicht unbedingt geschmackliche Leichtgewichte sein, sonst würde der Blauschimmel alles übertönen. Gegen den Käse anstinken – in diesem Zusammenhang sei der Ausdruck erlaubt – können kräftige Salatsorten und vor allem Gemüse.

Ich möchte mich heute mal auf Gemüse beschränken, bei den Mengen kommt es nicht so genau drauf an, Sie wissen selbst am besten, wie groß Ihr Appetit und der Ihrer Familie ist.

Alle Zutaten werden geputzt, wenn nötig geschält und in Streifen oder Würfel zerlegt, die Kaiserschoten bleiben ganz. Diese Gemüse nacheinander in kochendem Salzwasser blanchieren. Dabei soll die Härte der Rohkost genommen werden, die Zutaten dürfen allerdings nicht schlabberweich sein. Am besten hier und da ein Stückchen mit der Gabel in den Mund schieben und so den Zustand kontrollieren. Wenn Sie meinen, dass das Gemüse die richtige Konsistenz hat, aus dem Kochwasser heben, ganz kurz kalt abschrecken, so wird der Kochvorgang gestoppt, die Gemüse bleiben dennoch warm. So verfahren Sie Sorte für Sorte, lassen alles gut abtropfen und geben die lauwarmen Karotten, Lauch & Co. in eine Salatschüssel.

Wobei wir schon beim zweiten Teil der Veranstaltung wären. Nun gilt es, eine kräftige Vinaigrette aufzuschlagen. Dafür nehme ich heute einmal Rotweinessig, frisch gemahlenen Pfeffer, Traubenkernöl und Roquefort. Sie vermissen Salz? Wahrscheinlich nicht notwendig, der Käse hat in aller Regel genug davon.

Stellen Sie eine Schüssel bereit, schnappen Sie sich den Schneebesen und dann geht es los: Ein bis zwei Esslöffel Rotweinessig mit Pfeffer mischen, die dreifache Menge Traubenkernöl nach und nach unterschlagen, so entsteht eine leicht sämige Vinaigrette. Als Würze geben Sie nun Roquefortwürfel zu und lösen diese in der Salatsauce auf. Falls Ihnen das zu mühselig ist, greifen Sie zum Mixstab. Bitte zunächst mit wenig Käse anfangen, mehr kann man immer noch zufügen. Wem der Original-Roquefort zu dominierend im Geschmack ist, greift zum deutlich milderen deutschen Abklatsch. Abschmecken mit Pfeffer und Salz, vielleicht einer Spur Cayenne oder etwas Zitrone arbeiten.

Die Vinaigrette über die noch warmen Gemüse geben, mit dem Salatbesteck vorsichtig durchmischen, fünf Minuten ziehen lassen – dann kann gegessen werden. Dazu passt frisches Baguette. Mit ein paar Streifen gebratener Putenbrust oder Schweinefilet wird eine komplette Mahlzeit daraus.

Zutaten:

Karotten
Lauch
Kaiserschoten
Sellerie
Frühlingszwiebeln
Roquefort
Rotweinessig
Traubenkernöl
Zitrone
Cayenne
Pfeffer, Salz

Salade Niçoise

mit einer kräftigen Vinaigrette

Zutaten:

Kopfsalat
oder Eisbergsalat
grüne Bohnen
Tomaten
Eier
Kartoffeln
Zwiebeln
Knoblauch
Thunfisch
Anchovis
schwarze Oliven
Weißweinessig
Olivenöl
Dijon-Senf
Pfeffer, Salz

Was wird nicht alles unter dieser viel versprechenden Bezeichnung angeboten! Salade Niçoise – das klingt nach Frühling, Wärme, betörenden Aromen, frischem Gemüse und feinem Thunfisch, kräftiger Vinaigrette und einem Hauch Knoblauch. Und was kommt manchmal für viel Geld auf den Tisch? Ein Salat wie aus dem Antiquitätenladen.

Also machen wir uns gemeinsam an die Arbeit, es gibt in der Salatküche von »Pott un Pann« heute einen fein-rustikalen Nizza-Salat. Wobei es wie mit vielen Klassikern der Küche ist: Es gibt unzählige Zubereitungen und Varianten, auch meine erhebt keinesfalls den Anspruch auf alleinige Gültigkeit. Sie ist ein Beispiel dafür, wie man einen Nizza-Salat zubereiten kann.

Wenn ich Ihnen heute keine Mengenangaben liefere, so hat das einen triftigen Grund. Ich weiß nämlich nicht, ob Sie den Salat als Vorspeise oder Hauptgang essen möchten, ob Sie auf die eine oder andere Zutat verzichten, vielleicht eine andere zufügen.

Ein paar Worte zu den Zutaten. Die jungen Kartoffeln schälen und in Salzwasser abkochen. Auskühlen lassen und in Scheiben schnippeln. Die Bohnen, wenn notwendig, entfädeln, in Salzwasser knapp garen. Die Tomaten überbrühen, enthäuten, vierteln, entkernen – das macht den Unterschied zwischen gut und sehr gut.

Den Blattsalat gründlich waschen und in der Salatschleuder trocknen. Wer sich solch ein praktisches Gerät – gibt es sogar mit einem Edelstahlbehälter, den man gleich als Salatschüssel verwenden kann – nicht anschaffen möchte, packt den Salat in ein Geschirrtuch und schleudert alles auf dem Balkon oder der Terrasse kräftig aus. Wird diese Wasserschlacht in der Küche veranstaltet, dürfte es Ärger geben.

Den trockenen Salat sorgfältig putzen und in mundgerechte Stücke schneiden oder zupfen. Es ist eine weit verbreitete Unsitte, Blattsalate in zu großen Stücken zu servieren. Die Vinaigrette spritzt dabei unkontrolliert durch die Gegend, kleiner ist einfach feiner.

Die gepellten Zwiebeln in ganz dünne Ringe schneiden, den jungen Knoblauch pellen und in sehr feine Scheiben schneiden. Am besten geht das mit dem Trüffelhobel. Ich halte diese Art der Knoblauchverwendung für deutlich delikater als das Pressen. Irgendwie bekommt der starke Druck den zarten Aromen nicht gut. Probieren Sie es mal aus, der Unterschied ist frappierend.

Kein Nizza-Salat ohne schwarze Oliven. Die besten sind die kleinen aus Nizza, vielleicht ist nach ihnen der Salat benannt. Eine Arbeit sollten Sie für sich und Ihre Gäste verrichten: Bitte die Oliven vor dem Salatgenuss entsteinen. Die Eier wachsweich bis hart, aber bitte nicht staubtrocken kochen. Bleibt der Thunfisch. Hier bevorzuge ich eine naturell eingelegte Sorte, Fisch in Öl macht den Salat unnötig schwer, zudem ist das verwendete Öl meist von zweifelhafter Qualität. Als zweite fischige Zutat verwenden die Südfranzosen häufig Anchovis, die kleinen, salzigen Sardellen. Wer sie benutzt, muss beim Salz in der Salatsauce vorsichtig sein.

Alle Zutaten werden in einer großen Schüssel angerichtet und sollten Zimmertemperatur haben. Durch nichts wird der Salatgenuss so sehr eingeschränkt wie durch Kälte. Eine Unart, die in der Gastronomie leider sehr verbreitet ist.

Zur Vinaigrette. Weißweinessig mit Salz, frisch gemahlenem Pfeffer und Dijon-Senf vermischen. Ein kräftiges Olivenöl – natürlich erste Pressung – unterziehen. Erst kurz vor dem Servieren über den Salat gießen und alle Zutaten sehr vorsichtig durchmischen. Tipp von Altmeister Michel Guérard: Nehmen Sie dafür Ihre Hände, kein Salatbesteck der Welt arbeitet schonender.

Salat nach Art des Frühlings

Bohnen, Tomaten und Rauke als Dreiklang in einer würziger Vinaigrette

Zutaten (4 Personen):

250 g	Tomaten
250 g	flache grüne Bohnen
2 EL	Sherry-Essig
2 EL	Weißweinessig
1	Bund Rucola
	Senf
	Olivenöl
	Pfeffer, Salz

Haben Sie in diesem Jahr auch schon für ein paar Stunden die Sonne auf dem Balkon, der Terrasse, an der Weser oder im Bürgerpark genossen? Das war doch richtig wohltuend nach der langen dunklen Jahreszeit. Nun will ich jedoch nicht gleich übermütig werden und den Grill anschmeißen. Für den Anfang tut´s auch ein Salat, der sowohl im Freien als auch am Eßtisch in Küche oder Wohnzimmer schmeckt.

Eine fast unschlagbare Kombination ist die von Rucola, flachen grünen Bohnen und aromatischen Tomaten. Jawohl, die gibt's inzwischen, nur darf als Herkunftsland auf keinen Fall Holland auf der Kiste stehen. Da ist nämlich so was ähnliches wie schnittfestes Wasser drin. Aber zum Beispiel aus Sizilien kommen prächtige, reife, wohlschmeckende Früchte. Die kosten allerdings auch ein bißchen mehr als die geschmacklosen.

Der Toskana-Fraktion verdanken wir, daß es inzwischen Rucola, auf deutsch: Rauke, auch auf dem deutschen Markt gibt. Dieser leicht bittere Salat verträgt sich prächtig mit vielerlei Grünzeug und entwickelt seine Qualitäten am besten in Verbindung mit gutem Olivenöl und etwas Parmesan.

Dritter im Bunde sind flache, grüne Bohnen, und die Klammer der »gemüsigen« Zutaten ist eine kräftige Vinaigrette.

Zunächst überbrühe ich die Tomaten, ziehe die Haut ab, schneide die Blütenansätze heraus, viertele die Früchte, drücke die Kerne und die Zwischenwände heraus und würfele das schiere Fruchtfleisch schließlich grob. Die Bohnen werden geputzt und in drei, vier Zentimeter lange Rauten geschnitten – das sieht einfach hübscher aus als geradeaus. Die Bohnen in reichlich gesalzenem Wasser garen.

Die Rauke waschen, putzen, die groben Stiele entfernen. Den Salat trockenschleudern und dann mit dem großen Küchenmesser mittelfein hacken.

Die beiden Essigsorten mit Pfeffer und Salz aufschlagen, den Senf ebenfalls unterrühren. Nun gutes Olivenöl zufügen, bis die Vinaigrette die richtige Konsistenz und den feinen Geschmack hat. Finger rein, ablutschen, noch einmal nachwürzen – fertig.

Die Bohnen habe ich inzwischen abgegossen und kurz abgeschreckt, lasse sie dann in einem Durchschlag abtropfen. Wenn sie noch ein bißchen feucht sind, schadet das nichts. In einer Salatschüssel mische ich nun Rauke, Tomatenwürfel, Bohnen und die Vinaigrette. Die Restwärme der Bohnen macht den ganzen Salat lauwarm, und das bekommt ihm besonders gut.

Wer noch etwas zu beißen im Salat haben will, fügt ein paar angeröstete Pinienkerne hinzu, gut macht sich auch etwas frischgehobelter Parmesan. Dazu reiche ich getoastetes Bauernbrot, das mit etwas Olivenöl fein beträufelt wird. Ein frischer Weißwein ins Glas – und dann ist das Gute-Laune-Programm nicht mehr aufzuhalten. Salute!

Suppen

Consommé von der Taube

mit hauchdünnen Scheiben von der Brust und Gemüseperlen

Zutaten (4 Personen):

- 2 Tauben
- 2 Schalotten
- 3 Karotten
- 1 Stange Lauch
- 1/2 Knolle Sellerie
- 1 Zucchino
- 1 Nelke
- 1 Lorbeerblatt
- 2 Eiweiß
- Pfefferkörner
- Butaris
- Pfeffer, Salz

Tauben haben einen sehr fragwürdigen Ruf: Mal als »La Paloma blanca« besungen, als Friedenssymbol fliegen gelassen, von Georg Kreisler im Park vergiftet, als Rennpferde des kleinen Mannes verhätschelt, als kleckernde Vögel verflucht. Jüngst setzte Mario Adorf in der »Affäre Semmeling« noch einen drauf: »Ich esse keine Ratten mit Flügeln.«

Nun denn – an dieser Stelle interessieren nur die kulinarischen Qualitäten der Taube. Die sind außerordentlich hoch, wenn sie nicht 2000 Flugstunden und fünf Jahre auf dem Buckel haben. Die Taube aller Tauben kommt aus der Bresse, ist teuer, schmeckt umwerfend gut. Aber auch aus hiesiger Aufzucht ist bei engagierten Geflügelhändlern ordentliche Ware zu bekommen.

Die Tauben werden zunächst innen und außen abgespült, dann abgetrocknet und anschließend zerlegt. Die Brüste auslösen, die Haut abziehen und zugedeckt beiseite stellen. Die Keulen abschneiden, Haut entfernen und das Fleisch von den Knochen schneiden. Mit einem scharfen Messer fein hacken oder in der Moulinette zerkleinern. Der gesamte Rest Gerippe, Häute und Flügel wird grob zerkleinert und ist Grundlage für die Brühe. Mit 1,5 Liter Wasser zum Kochen bringen, die Hitze reduzieren und den Schaum mehrmals entfernen. Die Schalotten, eine Karotte, eine halbe Stange Lauch und ein Stück Sellerie putzen, in kleine Würfel schneiden und mit in den Taubensud geben. Schließlich mit Pfefferkörnern, Lorbeer und Nelke würzen. Zwei Stunden sacht vor sich hin simmern lassen, dann durch ein Sieb geben. Knapp ein Liter Brühe sollte dann noch im Topf sein.

Der zweite Arbeitsschritt ist das Klären der Brühe. Dabei werden wie durch Zauberhand alle Trübstoffe aus dem Sud gefiltert. Die Zauberer sind das angeschlagene Eiweiß der beiden Eier und das zerkleinerte Fleisch der Keulen, das zusätzlich Kraft und Geschmack bringt. Schließlich kommt noch etwas vom Suppengemüse mit in den Topf. Alles zum Kochen bringen und eine halbe Stunde ganz leise köcheln lassen. Der Topfinhalt sieht fast ein bisschen unappetitlich aus mit dem Deckel aus gräulichem Eiweiß, aber am Ende wird darunter eine glasklare Brühe zum Vorschein kommen.

Zeit, sich um die Einlage zu kümmern. Mit einem sehr kleinen Kugelausstecher aus dem Zucchino, einer Karotte und einem Stück Sellerie feine Gemüseperlen formen und getrennt in Salzwasser auf den Punkt garen. Die parierten Taubenbrüste in Butaris sehr sanft zwei Minuten von jeder Seite mehr ziehen lassen als braten. Das Fleisch zehn Minuten ruhen lassen, dann in sehr dünne Scheiben schneiden, die mit Salz und gemahlenem Pfeffer gewürzt werden. Das Fleisch ist idealerweise noch rosa.

Nun ist die Zeit für die letzte Feinarbeit gekommen: Die Consommé durchsieben und durch ein Seihtuch geben. Alles klar! Aber noch mit wenig Geschmack. Hier wird mit Pfeffer und Salz nachgeholfen, ein kleiner bis sehr kleiner Schluck Sherry passt auch gut. Die kochend heiße Brühe in vorgewärmte tiefe Teller füllen, die Taubenbrustscheiben und die Gemüseperlen hineingeben. Das Werk ist vollbracht, die Taube beweist in den nächsten Minuten, dass sie zu mehr taugt denn als Briefträger oder Ratte mit Flügeln.

Cremige Suppe von Schwarzwurzeln

mit Streifen vom Räucheraal

Winterzeit ist für mich immer der Inbegriff von Suppen und Eintöpfen. Hier eine deftige Gulaschsuppe, dort ein feuriges Chili con Carne, die gute, alte, überbackene Zwiebelsuppe oder die ganz modernen Garnelen in Kokosmilch mit Zitronengras. Doch die Suppe hat auch als Bestandteil eines größeren Menüs längst nicht ausgedient, vor allem dann nicht, wenn der Koch oder die Köchin dabei die ausgetretenen Pfade ein Stück weit verlässt.

Dazu haben Sie heute Gelegenheit, denn wann kommen schon einmal Schwarzwurzeln auf den Tisch?!? Dieses Gemüse sieht immer ein bisschen schmuddelig aus, es macht beim Schälen ebensolche Hände und man muss sich schon etwas vorsehen, damit die schneeweißen Stangen nicht blitzschnell wieder anlaufen.

Die Schwarzwurzeln haben jetzt Saison, sie werden meist als Bunde zu sechs, sieben Stück mit einem Gewicht von zusammen rund 500 Gramm verkauft. Die Stangen fassen sich sehr sandig an, sie sind zudem ein bisschen klebrig.

Unter dieser schwarzen, sandigen Hülle verbirgt sich ein fast weißes Innenleben. Das bleibt aber nicht so, an der Luft wird das Gemüse schnell grau, es reagiert mit Sauerstoff. Um diesen Effekt zu vermeiden, greife man zu einem kleinen Trick: Zunächst die Enden an beiden Seiten abschneiden, dann die Stangen unter Wasser mit dem Sparschäler schälen und dort bis zur Weiterverarbeitung lassen. So bleiben die Schwarzwurzeln schön weiß.

Die Schalotten pellen und würfeln, dann in der Butter anschwitzen. Mit der Hühnerbrühe aufgießen und aufkochen. Die in Stücke geschnittenen Schwarzwurzeln zufügen und eine knappe halbe Stunde sanft köcheln lassen.

»Das ist die Stunde«, heißt es bei »Jekyll & Hyde«, das ist die Stunde gilt nun auch für Ihren Mixer oder Pürierstab. Damit wird aus den Schwarzwurzelabschnitten, den Schalottenwürfeln und der Hühnerbrühe eine ziemlich dickflüssige Pampe. Ich gieße die Sahne an und habe sodann ein cremiges Schwarzwurzelsüppchen.

Allerdings ein ziemlich langweiliges, denn es fehlt noch jede Form von Gewürz. Salz und Pfeffer sind ein Muss. Wer einen Hauch mehr Schärfe mag, hilft der Sache mit Cayenne auf die Sprünge. Fehlt noch Säure – her mit der Zitrone. Eine Spur frisch geriebene Muskatnuss passt sicher auch gut. Jetzt schmeckt das Süppchen schon sehr viel besser. Der letzte Feinschliff erfolgt durch den furchtlosen Selbstversuch mit Löffel und dann entschlossenes Nachwürzen.

Das ist nun schon eine sehr respektable Suppe, die auf allen Tischen Ehre einlegt. Wer sich und seinen Gästen noch etwas besonders Gutes bieten will, der veredelt die Schwarzwurzelcreme mit Streifen vom Räucheraal. Gut passen auch frisch gebratene Riesengarnelen. Und wenn diese edle Suppe dann auf dem Tisch steht, denkt niemand daran, dass Sie sich dafür die Finger schmutzig gemacht haben. Hat sich doch gelohnt – oder?

Zutaten (4 Personen):

500 g	Schwarzwurzeln
200 g	Räucheraalfilet
20 g	Butter
0,5 l	Hühnerbrühe
0,2 l	Sahne
2	Schalotten
	Zitrone
	Muskat, Cayenne
	Pfeffer, Salz

Kräftiger Eintopf

mit grünen Linsen, Tomaten, Knoblauch, Cabanossi und der Schärfe von Chili

Zutaten (4 Personen):

400 g	grüne Linsen
500 g	Tomatenstücke
250 g	Cabanossi
1 TL	Paprikapaste
3	Zwiebeln
2	Knoblauchzehen
1	Chilischote
	glatte Petersilie
	Olivenöl
	Rinder- oder Gemüsebrühe

Heute vor einer Woche konnten wir endlich mal wieder so richtig tolles Winterwetter genießen: Strahlender Sonnenschein, knackige Kälte, spiegelblankes Eis auf der Semkenfahrt und überall bestens gelaunte Menschen. So ein Tag in frischer Luft macht hungrig, und was wäre besser geeignet zum Aufwecken der Lebensgeister nach einem solchen Sauerstoffschock als ein kräftiger Eintopf?

Ich habe heute für Sie als Erste-Hilfe-Set einen Linseneintopf im Programm, der nicht Suppe, nicht Gemüse ist, sondern eine Mischung von festen und flüssigen Zutaten, die genau in der Mitte liegt. Neben den Linsen spielen Tomaten eine tragende Rolle, Chili und Knoblauch sorgen für Schärfe und Aroma, Fleischliebhaber kommen mit Cabanossi zu ihrem Recht.

Ein paar Takte zu den Zutaten. Ich bevorzuge die kleinen grünen Linsen. Sie sind feiner als die groben braunen Dinger und schmecken einfach viel besser. Eine gute Quelle dafür ist Jacques' Weindepot. Diese Linsen haben zudem den Vorteil, dass sie nicht eingeweicht werden müssen. Sie werden in Salzwasser gekocht, das dauert etwa 20 Minuten, die Bisskontrolle ist eine Selbstverständlichkeit.

Parallel dazu laufen die Vorbereitungen für den Tomatenteil der Veranstaltung. Die Zwiebeln und die Knoblauchzehen pellen und würfeln, die Schnipsel in Olivenöl sacht anziehen lassen. Die Tomatenstücke zufügen. Jetzt zur Winterzeit sollten Sie zu Dose oder Tetrapack greifen, aromatische Früchte sind frisch nicht zu bekommen.

Die Schärfe kommt von Paprikapaste, wie es sie beispielsweise im Glas in türkischen Lebensmittelgeschäften gibt. Am besten testen Sie die Sache zunächst mit einem halben Teelöffel und tasten sich dann weiter an den gewünschten Schärfegrad heran. Salz und Pfeffer nicht vergessen.

Als Einlage schneiden Sie nun die Cabanossi in Scheiben, sehr lecker ist zu den Linsen auch die spanische Knoblauchwurst Chorizo. Für Resteverwertung ist der Linseneintopf ebenfalls geeignet. Ich habe kürzlich Reste von geschmorten Lammhaxen kleingeschnitten in den Eintopf gegeben – eine wunderbare Kombination.

Die Linsen sind inzwischen gar, das Kochwasser hat eine Farbe zwischen Dunkelgrün und Schwarz angenommen. Abgießen und die Tomaten zu den Linsen oder umgekehrt geben. Auf jeden Fall den größeren Topf wählen.

Nun geht es an den Feinschliff. Den fast fertigen Eintopf mit Rinder- oder Gemüsebrühe auf die gewünschte Konsistenz bringen. Mit Stücken von der Chilischote, Salz und Pfeffer abschmecken. Auch ein Schluck Essig ist denkbar. Ganz zum Schluss ein halbes Bund gehackte glatte Petersilie untermischen – und schon kann Ihnen und Ihren Gäste so richtig schön eingeheizt werden.

Auf der Getränkeseite ist von Weiß- und Rotwein über Mineralwasser und Bier alles drin. Nur Glühwein wäre vielleicht nicht der ganz passende Begleiter, selbst wenn die Füße noch kalt sind.

Morchelsuppe

Der Mai bringt viele kulinarische Köstlichkeiten, eine davon sind frische Morcheln

Der Mai ist für uns Feinschmecker ein ganz wundervoller Monat. Spargel, Erdbeeren, Schollen und jede Menge junges Gemüse lassen die Herzen der Gourmets höher schlagen. Eine ganz besondere Köstlichkeit, die jetzt Saison hat: Morcheln. Das sind die dunkelbraunen, hocharomatischen Pilze mit den vielen Ritzen und Riefen, in denen sich so gern der Sand versteckt, der zwischen den Zähnen knirscht, wenn man sie nicht gründlich genug wäscht.

Die meisten von Ihnen kennen Morcheln wahrscheinlich nur in getrockneter Form. Meist werden sie in Tüten von 10 oder 20 Gramm Inhalt angeboten und kosten eine Stange Geld. Dafür gibt es diese Exemplare auch das ganze Jahr über. Ein nicht unbedingt größerer, aber gänzlich anderer Genuss sind frische Morcheln, die im Mai inzwischen auch in Bremen, zum Beispiel auf dem Wochenmarkt Domshof und in gut geführten Gemüsegeschäften, zu haben sind. Auch für die frische Ware müssen Sie allerdings tief ins Portemonnaie greifen.

Morcheln sind der ideale Begleiter von Spargel – eine hinreißende Kombination, die ich an dieser Stelle vor Jahren einmal beschrieben habe. Heute möchte ich mit Ihnen eine cremige Morchelsuppe kochen, die sehr gut in ein Frühlingsmenü passen würde. Die frischen Morcheln sehr gründlich unter fließendem Wasser waschen. Durch ein Sieb abgießen, die Pilze ausdrücken. Je nach Größe halbieren oder in grobe Ringe schneiden. Sollten Sie getrocknete Morcheln für die Suppe verwenden wollen, so reichen für vier Personen 30 Gramm. Die werden eine Stunde in lauwarmem Wasser eingeweicht und dann gewaschen. Das Einweichwasser durch einen Kaffeefilter und später zur Suppe geben.

Die weitere Zubereitung ist identisch für getrocknete und frische Ware: In einem Topf oder einer Sauteuse 20 g Butter sanft erhitzen und darin die gepellten und fein gewürfelten Schalotten anschwitzen. Morcheln zufügen und die Hitze erhöhen. So verdampft das Wasser, das die Pilze unweigerlich ziehen. Dann mit der Hälfte der Sahne ablöschen und nach kurzer Zeit die entfettete Hühnerbrühe angießen. Zehn Minuten sanft köcheln lassen und zum ersten Mal den Würzarm schwingen: Salz, Pfeffer aus der Mühle, ein Spritzer Zitrone.

Kaum hat die Kocherei begonnen, ist sie auch schon wieder beendet. Nur der Feinschliff ist jetzt noch zu erledigen: Die Blätter von ein paar Zweigen glatter Petersilie fein hacken, die restliche Sahne steif schlagen. Die restliche Butter sollte eiskalt sein, wenn Sie diese mit dem Schneidstab oder Schneebesen unter die Suppe mixen. Schön sämig wird die hellbraune Pracht durch diesen Arbeitsgang, Chemiker würden von einer Emulsion sprechen. Einen wunderbaren Schmelz gibt schließlich die geschlagene Sahne, die mehr untergehoben als untergeschlagen wird. Zum Schluss noch die gehackte Petersilie zufügen und die Suppe abschmecken. Ja, da kommt Freude auf!

Wenn einem so viel Schönes widerfährt, das ist schon einen – nein, keinen Weinbrand – besonderen Wein wert. Kräftig sollte er sein, um es mit den erdigen Aromen der Morcheln aufnehmen zu können. Ein weißer Burgunder würde diese Aufgabe bestimmt bewältigen.

Zutaten (4 Personen):

200 g	frische Morcheln
50 g	Butter
0,5 l	Hühnerbrühe
0,25 l	Sahne
2	Schalotten
	Zitrone
	glatte Petersilie
	Pfeffer, Salz

Schaumige Selleriesuppe

wird kochend heiß über rohen Lachs gegossen

Zutaten (4 Personen):

200 g	Lachsfilet
0,5 l	Hühnerbrühe
0,1 l	Sahne
2	Schalotten
1	Sellerieknolle
	Butter
	Muskat, Cayenne
	Zitrone
	Pfeffer, Salz

Für sehr viele Menschen gehört eine kräftige Suppe einfach zu einer Mahlzeit dazu. Die wärmt ordentlich durch und ist das richtige Gegenmittel bei quälendem Heißhunger. Meist handelt es sich dabei um rustikale Brühen mit kräftiger Einlage von Kochfleisch und Gemüse.

Seit sich auch die Köche der feineren Restaurants verstärkt des Themas Suppe angenommen haben, tauchten immer mehr Schaumsuppen auf, die wohl wegen der kleinen Portionen auch Süppchen genannt wurden. Das waren meist Suppen auf der Basis von Hühnerbrühe und einem geschmacksgebenden Gemüse. Markantestes Beispiel ist die an dieser Stelle auch schon vorgestellte Rote-Bete-Suppe.

Heute bereite ich für Sie eine Sellerie-Suppe zu, die als fischige Einlage dünne Lachstreifen enthält. Die werden gar nicht erst gebraten, sondern roh in den Teller gelegt und mit der heißen Suppe übergossen. So garen sie sehr schonend, der Fisch bleibt saftig.

Die Schalotten pellen und in kleine Würfel schnippeln. Die Sellerieknolle schälen, in Würfel von etwa einem Zentimeter Kantenlänge zerschneiden. In einem Suppentopf zerlasse ich etwas Butter und schwitze darin die Schalottenwürfel an. Den Sellerie zufügen und mit der Hühnerbrühe begießen. Statt Hühnerbrühe können Sie auch eine Gemüsebrühe verwenden.

Den Ansatz aufkochen und die Selleriewürfel richtig weich werden lassen. Dann kommen Sie mit Ihrem Pürierstab und fuhrwerken so richtig im Topf herum. Natürlich können Sie das zerstörerische Werk auch dem Mixer überlassen. Das Gemüse soll ganz fein zerkleinert sein, dann geht es an die Abschmeckerei. Nicht zu zaghaft beim Pfeffer, einen Schuss Zitrone, Salz nicht vergessen – so langsam kommt Geschmack an die Suppe. Eine Spur Cayenne tut Suppen fast immer gut. Übrigens: Wenn Ihnen Ihre Suppe zu erdig, zu stark nach Knollensellerie schmeckt, dann können Sie beim nächsten Mal Staudensellerie verwenden oder halb und halb. Die Suppe bekommt dadurch einen anderen Charakter. Probieren geht auch hier über studieren.

Ich gieße nun die Sahne an, schlage alles mit dem Pürierstab oder im Mixer noch einmal kräftig auf. Die wirbelnden Messer machen ordentlich Wind und schäumen die Brühe auf. Daher die vielen Bläschen an der Oberfläche und daher der Begriff Schaumsüppchen.

Jetzt spülen Sie das Lachsfilet ab, kontrollieren es auf Gräten und tupfen es trocken. In dünne Scheiben schneiden und diese auf den Boden vorgewärmter tiefer Teller legen. Dünn ist wichtig, weil nur so sichergestellt ist, dass der Fisch auch wirklich gart. Zu dicke Streifen blieben in der Mitte noch roh, das ist nicht jedermanns Sache. Wenn Sie die kochend heiße Suppe über die Lachsstreifen gießen, dann sind sie im selben Moment wachsweich gegart.

Was einmal mehr beweist, dass schonender Umgang das Beste ist, was man Meeresgetier antun kann. Da solle noch einmal jemand sagen, gegrillter Lachs sei ein Hochgenuss.

Pasta, Reis & Kartoffeln

Ausgelöste Miesmuscheln

mit vielen Sorten Gemüse und Knoblauch zu Bandnudeln

Zutaten (4 Personen):

1 kg	Miesmuscheln
400 g	Bandnudeln
0,1 l	Weißwein
1	Stange Staudensellerie
1	Karotte
1	Stange Lauch
2	Frühlingszwiebeln
2	Zehen Knoblauch
1/2	Bund glatte Petersilie
	Olivenöl
	Safran
	Pfeffer, Salz

Es gibt eine Speise, bei der lockert sich sofort der kulinarische Himmel auf und bringt Sonne auf den Teller: Nudeln. Die schmecken nämlich zu jeder Jahreszeit, sie lassen sich immer mit den Zutaten der Saison kombinieren. Und beim Thema Saison greife ich in die Trickkiste und hole ein paar Muscheln hervor, schließlich darf man die in allen Monaten mit »r« im Namen servieren.

Los geht die kurze Küchenveranstaltung mit den Muscheln. Die offenen oder beschädigten Exemplare kommen in den Müll, die restlichen spüle ich noch einmal unter fließendem kalten Wasser ab und gare sie dann in einem geschlossenen großen Topf in dem kochenden Weißwein. Alle zwei Minuten die Ladung einmal kräftig durchschütteln. Nach sechs bis acht Minuten sind die Herrschaften gar und geöffnet.

Die Muscheln mit einer Schaumkelle herausfischen, abkühlen lassen und schließlich auslösen. So ersparen Sie allen die Fummelei bei Tisch. Es sieht vielleicht ganz gut aus, wenn die geöffneten Muscheln mit dem Gemüse auf den Nudeln liegen, aber ranzukommen ist nur mit Mühe und Fettfingern. Den Muschelsud durch ein feines Sieb geben, den letzten Rest im Topf lassen, wer kaut schon gern auf Sand.

Nun mache ich mich an das Gemüse. Stangensellerie, Lauch, Karotte, Frühlingszwiebeln und Knoblauch putzen und in kleine Würfel schnippeln. Diese in Olivenöl anziehen lassen und mit dem Muschelsud aufgießen. Sanft köcheln lassen. Das geht alles sehr schnell, denn die Würfel brauchen nur wenig Garzeit. Die gewaschene, abgetrocknete, gezupfte Petersilie fein hacken und unter das Gemüse mischen. Schließlich das ausgelöste Muschelfleisch zufügen, mit Salz (Vorsicht!) und Pfeffer (ruhig kräftig) abschmecken. Den letzten Pfiff bekommt das Muschel-Gemüse-Ragout durch Safran – und schon geht die Frühlingssonne auch bei Aprilwetter auf.

Inzwischen haben Sie die Bandnudeln gegart. Al dente, wie es sich gehört, also noch mit einer winzigen Spur Biss. Das alles geschieht in einer reichlich bemessenen Menge Salzwasser, dem ein Schuss Öl zugefügt wurde. Bisskontrolle durch die Methode Gabel rein und ab in den Mund. Wenn Sie meinen, dass die Nudeln richtig sind, werden diese durch ein Sieb gegossen und tropfen ab. In vorgewärmten tiefen Tellern Nudeln mit den Muscheln vermischen. Und bitte: Nicht über jedes Nudelgericht gehört zwangsweise eine Riesenladung Parmesan.

Dafür jedoch ein trockener, kühler Weißwein ins Glas, mit dem Sie und Ihre Freunde nun auf eine ganz spezielle Art den Frühling herbeizaubern. Spätestens bis zum ersten Monat ohne »r«.

Herbstliches Risotto

aus dem Fruchtfleisch der ausgehöhlten Halloween-Kürbisse

Heute gibt es einmal Kürbis. Ich finde, diese herrliche Frucht des Herbstes wird immer noch viel zu gering geschätzt. Insbesondere die feineren Sorten wie Muskat- oder Hokkaido-Kürbis machen ordentlich was her. Das Fruchtfleisch verarbeite ich heute zu einem Risotto, ich lade Sie zum Mitmachen ein.

Ein Kilo Kürbis klingt zunächst einmal viel, diese Menge reduziert sich jedoch fast auf die Hälfte, befreit man den Kürbis von seiner Schale und den Kernen. Sie brauchen etwa ein Pfund schieres Fruchtfleisch für den Risotto. Das wird mit einer Gemüsereibe oder auf der feinen Scheibe der Küchenmaschine in feinste Streifen zerlegt.

Die Butter in einem großen Topf zerlassen und darin die gepellte, fein gewürfelte Schalotte anziehen lassen. Das geraspelte Kürbisfleisch zufügen und ebenfalls anschwitzen. Schalotte und Kürbis sollen jedoch keinesfalls Farbe bekommen. Den Reis zufügen und leicht glasig werden lassen.

In einem zweiten Topf haben Sie die Hühnerbrühe zum Kochen gebracht und geben davon etwa einen Viertelliter zum Reis mit dem Gemüse. Alles soll leicht köcheln, Sie rühren dabei ständig um, damit nichts am Topfboden ansetzt. Wenn der Reis die Flüssigkeit fast aufgenommen hat, folgt der nächste Schluck Brühe. So verarbeiten Sie Kelle für Kelle von der heißen Brühe, der Reis quillt immer weiter und wird langsam aber sicher gar.

Nur eines sollten Sie nicht tun während des Kochens: telefonieren, Hemden bügeln oder den Rasen mähen. Ein Risotto benötigt die volle Aufmerksamkeit während der rund 20 Minuten Zubereitungszeit. Rühren, rühren, heißt die Devise.

Mit der Menge der zugegebenen Brühe regulieren Sie, wie feucht der Risotto werden soll. Wer es lieber etwas suppiger mag, nimmt mehr Brühe, Liebhaber eines etwas trockeneren Risottos verwenden weniger davon. Die letztgenannte Version ist naturgemäß anbrennungsgefährdeter als die flüssigere.

Nun steht das Wichtigste beim Kochen an, es wird abgeschmeckt. Salz, Pfeffer aus der Mühle, Muskat, vielleicht eine Spur Cayenne. Ein gutes Stück Butter unter den Risotto mischen und nach Geschmack frisch geriebenen Parmesan unterheben. Wer beim Geschmack noch einen kleinen Turbo anwerfen will, kann mit ein paar Tropfen von grün-schwarzem Kürbiskernöl aus der Steiermark arbeiten. Und schon stehen ein leckeres Gericht auf dem Tisch und ein Kürbis zum Gruseln vor der Tür.

Zutaten (4 Personen):

1 kg	Kürbis
300 g	Risottoreis
50 g	Butter
0,75 l	Hühnerbrühe
1	Schalotte
	Muskat
	Parmesan
	Pfeffer, Salz

Klassische Lasagne

aus weißen Nudelblättern mit einer Sauce Bolognese

Zutaten (4 Personen):

400 g	Nudelblätter
500 g	Tomatenstücke (Packung)
250 g	Rinderhack
250 g	Schweinehack
100 g	Schinkenspeck
10 g	getrocknete Steinpilze
0,1 l	Rotwein
0,1 l	Hühnerbrühe
2	Zwiebeln
1	Knoblauchzehe
1	Stange Staudensellerie
1	Karotte
1	Bund glatte Petersilie
	Olivenöl
	Muskat
	Pfeffer, Salz

Beim Stichwort Nudeln bekommen die meisten Esser leuchtende Augen. Ob Spaghetti, Ravioli, Makkaroni oder Bandnudeln – Jung und Alt essen Teigwaren gleichermaßen gern.

Zu den aufwändigsten Zubereitungen der Pasta-Küche gehört eine Lasagne. Viele Hausfrauen und Hobbyköche scheuen die zeitraubende Zubereitung und greifen lieber zu einem Fertigprodukt aus der Kühltheke oder dem Tiefkühlschrank. Doch mit dritter Wahl werden Sie von mir nicht abgefüttert, da gilt es noch, selbst Hand anzulegen und bestmögliche Qualität auf den Tisch zu bringen.

Einziges Zugeständnis an eilige Zeitgenossen: Sie können die Nudelblätter auch fertig kaufen, inzwischen gibt es sie in ganz ordentlicher Qualität. Perfektionisten setzen jedoch nach wie vor auf Handarbeit und kneten einen Nudelteig aus Mehl, Eiern und Salz. Rechnen Sie pro 100 Gramm Mehl ein Ei. Die Geschmeidigkeit des Teigs mit lauwarmem Wasser regulieren. Zugedeckt als Kugel eine halbe Stunde ruhen lassen und dann auf einer bemehlten Fläche oder mit der Nudelmaschine auswalzen.

Herzstück einer Lasagne mit Bologneser Sauce ist natürlich das Ragout. Knoblauch und Zwiebeln pellen und fein würfeln. Die Pilze einweichen, später gut ausdrücken und hacken. Sellerie und Karotte nach dem Putzen fein würfeln. Schinkenspeck in Würfel zerlegen, die Petersilie zupfen und hacken. Das wären die Vorarbeiten.

Nun in einem Suppentopf oder einer sehr großen Pfanne mit hohem Rand den Schinkenspeck anbraten. Zwiebeln und Knoblauch zufügen, schließlich Karotte, Sellerie und die Pilze. Die Zutaten sollen bei dieser Prozedur keine Farbe annehmen.

Dann bröckeln Sie das Fleisch mit hinein und lassen es langsam krümelig werden. Die Tomatenstücke zufügen und den Rotwein angießen. Dass sich bei dieser Gelegenheit der Koch ein Gläschen genehmigt, versteht sich von selbst. Ich nehme im Winter übrigens gern die Würfel aus der Packung, weil frische Früchte meist nicht das volle Aroma aufweisen.

Nun kommt der Augenblick der ersten Würze. Pfeffer aus der Mühle drüber, salzen Sie nicht zu zaghaft. Muskat frisch reiben und schließlich die Petersilie in das Ragout geben. Etwas Brühe angießen, umrühren, Deckel drauf, eine Stunde sanft schmurgeln lassen.

Inzwischen kümmern Sie sich um die Béchamelsauce.

Die Butter in einem Topf schmelzen, das Mehl hineinsieben und vermischen. Sacht anschwitzen, ohne dass die Mehlbutter Farbe annimmt. Die Milch angießen und nun eine

Viertelstunde schön gemütlich, aber gründlich rühren. Die Sauce köchelt ganz sacht vor sich hin und wird schließlich mit Salz, Pfeffer und Muskat abgeschmeckt.

Bleiben noch die Lasagneblätter. Die fertig gekauften garen Sie nach Packungsvorschrift, manche Sorten können auch so verwendet werden, wie sie sind. Die hausgemachten Nudeln in Rechtecke schneiden, in kochendem Salzwasser mit einem Schuss Öl al dente garen. Herausheben und abtropfen lassen.

Puh, jetzt kommt der letzte Arbeitsgang. In einer ausgebutterten, feuerfesten Form eine Lage Lasagneblätter auslegen. Ragout drüber verteilen, mit Béchamel überziehen und mit frisch geriebenem Parmesan bestreuen. So geht es Schicht für Schicht weiter, bis die Zutaten verbraucht sind. Ragout und Béchamel großzügig mit Parmesan bestreuen, ein paar Butterflöckchen drauf – und dann haben Sie es geschafft. Nur noch in den 200 Grad heißen Ofen schieben und eine gute Viertelstunde überbacken.

PS: Alle Italienfans bitte weglesen. Ich ersetze den Parmesan nämlich gern durch Gouda, weil der besser schmilzt und beim Bräunen nicht so bitter wird. Kompromissvorschlag: Die beiden Käsesorten mischen.

Für die Sauce:

20 g	Butter
0,2 l	Milch
1 EL	Mehl
	Muskat
	Pfeffer, Salz

Nasi Goreng

ist eines der bekanntesten Gerichte der asiatischen Küche

Zutaten (4 Personen):

200 g Hähnchenbrust
200 g Schweinefilet
200 g Garnelen
200 g Reis
4 Eier
2 Schalotten
1 Knoblauchzehe
1 rote Paprikaschote
1 gelbe Paprikaschote
Öl
Sojasauce
Pfeffer, Salz

Mit Kohl und Pinkel verhält es sich wie mit Nasi Goreng: Es gibt unzählige Varianten, keine ist die beste, alle schmecken auf ihre Art. Und wenn ich Ihnen heute an dieser Stelle Nasi Goreng anbiete, so ist damit auf keinen Fall der Anspruch von Authentizität erhoben. Hier gibt es nur ein Kriterium: Hauptsache, es schmeckt.

Für dieses Gericht benötigen Sie einen Topf für den Reis sowie eine sehr große Pfanne mit hohem Rand oder – noch viel besser – einen Wok, der so richtig viel Platz zum schwungvollen Rühren bietet.

Das war's auch schon, nun kann es mit den Vorbereitungen losgehen. Das Fleisch abspülen, abtupfen und in Streifen schneiden. Statt Schweinefilet können Sie natürlich auch Schnitzel oder Rinderfilet nehmen. Bei den Garnelen liegt die Entscheidung zwischen Tiefseegarnelen oder aber unserem heimischen Granat. Für mich steht die Wahl fest – aber bitte selbst auspulen. Für 200 Gramm Krabbenfleisch benötigen Sie etwa 600 Gramm Granat. Kein Vertun gibt es beim Reis, hier ist der so herrlich nussige Basmati die allererste Wahl.

Den Paprikaschoten mit dem Sparschäler das dicke Fell von den Rippen holen. Entkernen und das Fruchtfleisch in Streifen schneiden. Die Schalotten und die Knoblauchzehe pellen, zu kleinen Würfeln verarbeiten. Damit sind die Vorbereitungen auch schon erledigt.

In dem bereitgestellten Topf kochen Sie den Reis, auf der zweiten Platte wird der Wok in Betrieb gesetzt. Öl hineingeben und darin zunächst die Schalotten- und Knoblauchwürfel nicht zu kräftig anbraten. Die Paprikastreifen zufügen, den Wokinhalt kräftig durcheinander wirbeln, damit nichts anbrennt. Das ist die große Stärke dieses so universell einsetzbaren Küchengeräts: Die schräg hochgezogenen Wände bieten eine riesengroße Fläche für das Gargut, nur der relativ kleine Boden steht direkt auf der Hitze.

Das Fleisch schon nach etwa zwei Minuten zum Gemüse geben. Und weiterhin wird flott und ausdauernd gerührt. Falls die Angelegenheit zu fettarm sein sollte, so geben Sie noch etwas Öl zu. Bei kräftiger Hitze das Fleisch braten, so kann austretendes Wasser sofort verdampfen und die Sache nicht suppig machen. Schließlich für eine halbe Minute die Garnelen mitbraten.

Inzwischen ist auch der Reis fertig. Der wird nun mit in den Wok gegeben und sorgfältig mit den anderen Zutaten vermischt. Was nun? Natürlich abschmecken! Womit? Salz, Pfeffer, na, logo. Aber neben der Pflicht gibt es ja auch noch die Kür. Und da habe ich gleich mehrere Vorschläge: Sambal Olek (huih, megascharf), Ingwer, Sojasauce. Und wer es gern etwas kernig hat, der gibt ein paar Cashewkerne hinzu.

Und die Eier? Die brate ich sanft in Butter als Spiegeleier und richte je eines auf jeder Portion Nasi Goreng an. Mag zwar nicht ganz stilecht indonesisch sein, schmeckt aber. Wie in der Werbung: Die Freiheit nehm' ich mir.

Ravioli

mit Ricotta gefüllt und würziger Sauce Bolognese

Da es an trüben Tagen nicht unbedingt auf jede freie Minute ankommt, habe ich heute ein etwas aufwendigeres Rezept für Sie vorbereitet. Es gibt selbstgemachte Ravioli mit Ricotta-Füllung und dazu eine Sauce Bolognese.

Los geht es mit dem Nudelteig. Dafür das Mehl mit den Eiern und dem Salz zu einem glatten Teig verkneten. Die Geschmeidigkeit mit lauwarmem Wasser oder Mehl regulieren. Etwas ruhen lassen, damit das Mehl ausquellen kann.

In der Zwischenzeit kümmere ich mich um die Füllung. Dafür vermische ich den Käse mit den beiden Eiern, schmecke die Masse mit Salz, Pfeffer und einer Spur Muskat ab.

Parallel zu den anderen Arbeiten läuft die Zubereitung der Sauce. Dafür schwitze ich die gepellten und fein gewürfelten Zwiebeln und die ebenso vorbereitete Knoblauchzehe in neutralem Öl an. Gebe dann den gewürfelten Speck dazu, aus dem ich vorher sorgfältig alle Knorpel entfernt habe. Schließlich wird auch das Gehackte mit in die große Pfanne getan und sacht angebraten. Zum ersten Mal mit Pfeffer und Salz würzen.

Die Brühe und die Tomatenstückchen aus dem Tetrapak zufügen. Bevor Sie einen Anfall kriegen, weil ich keine frischen Tomaten nehme: Die Saison für die roten Dinger ist unwiederbringlich vorbei. Das Fruchtfleisch »aus der Tüte« läßt wenigstens noch einen Hauch von Sommeraroma ahnen. Geschmacksverstärkend ohne Geschmacksverstärker wirkt ein wenig Tomatenmark. Die Bolognese eine halbe Stunde köcheln lassen, der Sauce mit einer oder zwei Prisen Cayenne ein wenig Feuer einhauchen.

Nun geht's ans Nudelholz. Ich teile den Teig in zwei Hälften und rolle auf einer bemehlten Arbeitsfläche daraus große, dünne Teigplatten aus. Noch einfacher und gleichmäßiger geht das mit einer Nudelmaschine.

Auf der einen Teigplatte verteile ich nun kleine Portionen vom angemachten Käse. Ein halber Teelöffel ist etwa die richtige Portionsgröße. Zwischen den Käsehäufchen den Teig gitterförmig mit ganz wenig Wasser bepinseln. Nun kommt die zweite Teigplatte auf die mit dem Käse belegte Fläche. Rings um die Ricotta-Portionen die beiden Teigplatten gut andrücken und dann mit einem Teigrad in Vierecke schneiden.

Die Ravioli leicht mit Mehl bestäuben und eine halbe Stunde ruhen lassen. In einem großen Topf bringe ich ein paar Liter Salzwasser zum Kochen und geben die Ravioli hinein. Sobald die Teigkissen an die Oberfläche steigen, hebe ich sie mit der Schaumkelle heraus und gebe sie in vorgewärmte Teller.

Mit der Sauce Bolognese übergießen und mit frisch geriebenem Parmesan bestreuen. Und weil die Tage kühler sind, kann es dazu durchaus schon ein etwas kräftigerer Rotwein sein.

Zutaten (4 Personen):

500 g	Rinderhack
500 g	Ricotta
500 g	Tomatenwürfel
400 g	Mehl
100 g	gestreifter Speck
0,25 l	Brühe
6	Eier
1	Knoblauchzehe
1	Zwiebel
1/2	TL Salz
	Wasser
	Salz, Pfeffer, Muskat
	Öl

Tagliatelle

mit Tomaten und Basilikum

Zutaten (4 Personen):

400 g	Weizenmehl
4 EL	bestes Olivenöl
4	Eier
1/2Tl	Prise Salz

Für die Sauce:

500 g	Tomaten
1	Schalotte
1	Knoblauchzehe
	Basilikum
	Olivenöl
	Pfeffer, Salz

Es gibt komplizierte Rezepte, da nehmen allein die Zutaten eine ganze Seite im Kochbuch ein. Auf der anderen Seite der Koch-Medaille stehen minimalistische Zubereitungen, die mit nur ganz wenigen Zutaten auskommen. Womit nicht darüber geurteilt werden soll, ob die Hochseilküche oder Minimalkochkunst besser ist.

Eines ist jedoch gerade beim Einsatz von nur wenigen Zutaten extrem wichtig: Selbst die kleinste Kleinigkeit sollte von makelloser Qualität sein. Ohne Kompromisse. Ich möchte Ihnen das heute an einem Beispiel demonstrieren, das Sie vielleicht auf den ersten Blick nicht ganz für voll nehmen. Es soll nämlich Bandnudeln mit Tomaten, Basilikum und Parmesan geben. Klingt nach Miracoli-Tag, ist aber genau das Gegenteil: Anspruchsvoll, betörend aromatisch, aufwändig, beeindruckend.

Statt Packung aufreißen ist Handwerk gefragt. Das beginnt mit der Zubereitung der Nudeln. Heute beschreibe ich einmal wieder die Zubereitung von hausgemachten Teigwaren am Beispiel von Tagliatelle, auf deutsch Bandnudeln. Der Teig ist schnell gemacht: Das Mehl auf eine Platte sieben. Eine Mulde formen, dort hinein kommen die Eier, das Öl und das Salz. Von außen nach innen die Zutaten gründlich vermischen, den Teig kneten, bis er homogen ist. In Alufolie wickeln und eine Stunde in den Kühlschrank legen.

Dann können Sie eine handbetriebene Nudelmaschine an der Arbeitsplatte festschrauben. Ein solches Ding gibt es für rund 50 Mark im Küchenladen und ist nahezu unverwüstlich. Zwischen verstellbaren Walzen zunächst Teigportionen zu immer dünneren Blättern ausziehen. Mit dem Einsatz für Bandnudeln werden in einem weiteren Arbeitsgang Tagliatelle draus. Zwischen den Arbeitsgängen die Teigblätter immer leicht mit Mehl bestäuben, so ist die Klebegefahr gebannt.

Gekocht werden die Bandnudeln wie jede andere Pasta auch: Reichlich Salzwasser zum Kochen bringen, die Nudeln hineingeben, umrühren, warten, bis das Wasser wieder kocht, dann die Hitze etwas reduzieren. Über den Gar-Zustand gibt die »Nudel-in-den-Mund-Methode« Aufschluss, die perfekt gegarten Teigwaren durch einen Durchschlag abgießen, in goldgelber Butter schwenken und in vorgewärmte tiefe Teller geben.

Darüber kommt eine Tomatensauce, die ebenfalls frisch zubereitet wurde, deren Grundlage voll aromatische Früchte sind, die jetzt in bester Qualität am Markt sind. Wenn es ein typisches Aroma des Sommers gibt, dann ist es das von Tomaten. Die Österreicher drücken es lyrischer aus, sie sprechen von Paradeisern. Und Recht haben sie: eine geradezu paradiesische Frucht.

Die Vorbereitungen dürften Ihnen von vielen »Pott un Pann«-Folgen bekannt sein: Die Tomaten überbrühen, abschrecken, die Haut abziehen, vierteln, die Kerne und den Stängelansatz entfernen, das schiere Fruchtfleisch würfeln. Fertig ist das Tomatenconcassée. Die Schalotte pellen und fein würfeln, die Knoblauchzehe (möglichst junge Ware) pellen.

Der Rest ist schneller gemacht als beschrieben: In einer Sauteuse oder in einer Kasserolle feinstes Olivenöl erhitzen, die Schalottenwürfel darin anschwitzen, ohne dass sie Farbe nehmen. Die Tomatenwürfel zufügen, ein bis höchstens zwei Minuten durchschwenken, die Knoblauchzehe durchpressen und unterrühren, mit Salz und Pfeffer würzen – Ende der Veranstaltung.

Halt, das Wichtigste kommt ja noch. Ein halbes Bund großblättriges, hocharomatisches Basilikum habe ich gewaschen, abgetupft, gezupft, gehackt und gebe es jetzt über meine Tomaten.

Die Nudeln dampfen im Teller, die Tomaten mit dem Basilikum kommen in die Mitte und wer möchte, kann jetzt den Nudelgenuss noch mit etwas geriebenem Parmesan vollenden. Natürlich auch hier beste Qualität und frisch gerieben.

Heute ist kein Miracoli-Tag: Das riecht man, das schmeckt man und das sieht man den außergewöhnlich glücklichen Augen an.

Noch etwas mehr Glück gefällig? Dann rücken Sie doch einen fruchtigen, nicht zu schweren, leicht gekühlten italienischen Rotwein heraus.

Vollkornspätzle

mit Spitzkohl in einer sahnigen Sauce mit Zwiebeln, Knoblauch und Speckwürfeln

Zutaten (4 Personen):

250 g	Vollkornspätzle
50 g	gestreifter Speck
50 g	Greyerzer
0,2 l	Sahne
1	Spitzkohl
2	Zwiebeln
2	Knoblauchzehen
	Schnittlauch
	Pfeffer, Salz

Was gehört auf bremischen Tischen zu den Leibgerichten? Ohne jede wissenschaftliche Absicherung, aber durch zahllose Meinungsäußerungen im Kollegen- und Bekanntenkreis untermauert, sind es Nudeln. Nudeln in allen möglichen Varianten vom Miracoli-Tag bis zu selbst gemachten Maultaschen oder italienischen Pasta-Orgien.

Wenn ich mir meine eigene verwöhnte Bande ansehe, dann könnte es eigentlich auch jeden zweiten Tag Nudeln geben. Ich beuge mich zumindest heute dieser Abstimmung mit Messer und Gabel, es gibt Vollkornspätzle mit Spitzkohl in einer sahnigen Sauce mit Zwiebeln, Knoblauch und Speckwürfeln.

Wenn ich mich an die Anfangsjahre von »Pott & Pann« in den Achtzigern erinnere, dann waren andere als selbst frisch zubereitete Nudeln fast so etwas wie Teufelswerk. Inzwischen habe ich nicht nur die Altersmilde, inzwischen gibt es auch passable Alternativen zu den per Hand präparierten Nudeln. Dazu gehören frische Nudeln vom Feinkosthändler oder vom Findorffmarkt, aber auch passable Fertignudeln. Ich greife heute zu einem Vollkornprodukt; wenn Sie die Spätzle gern selbst schaben oder durch die Presse drücken wollen, so gönne ich Ihnen das Vergnügen.

Die Vorbereitungen für das rustikale Essen sind schnell erzählt: Den etwa 400 Gramm schweren Spitzkohl vierteln, den Strunk wegschnippeln, die Viertel in Streifen zerlegen. Den gewaschenen Kohl in Salzwasser etwa zwanzig Minuten kochen, dann abgießen. Gleichzeitig die Nudeln in Salzwasser nach Packungsanweisung oder besser noch durch mehrfache Bissprobe al dente kochen und in einen Durchschlag geben.

Jetzt muss die große Pfanne mit den hohen Wänden oder aber ein Topf mit großem Durchmesser ran. Darin lasse ich den fein gewürfelten Speck aus und gebe die Zwiebel- und Knoblauchwürfel hinzu. Vorsichtig mit der Hitze! Das Gemüse soll nur glasig, aber nicht goldgelb oder gar braun werden.

Nun geht es ganz fix. Die Nudeln hinzufügen, gut durchrühren. Einen Becher Sahne angießen und die gekochten Kohlschnipsel mit in den Topf geben. Alles vermischen, mit Salz und Pfeffer abschmecken. Schließlich noch den Greyerzer Käse aus der Schweiz raspeln und unter das Essen rühren. Ganz zum Schluss ein Bund Schnittlauch in Röllchen schneiden und unter die Spätzlepfanne mischen.

Wenn Sie das Gericht auf vorgewärmten Tellern servieren, werden Sie sich wundern. Wo ist nur die Sahne geblieben? Die Nudeln haben einen großen Teil davon aufgenommen, es ist nur noch wenig Sauce im Teller. Macht nichts, der verbliebene Teil reicht völlig aus, damit die Nudeln gut rutschen. Gut schmecken tun sie sowieso.

Und wer noch Flüssigkeit braucht, der ist mit einem schlichten, ehrlichen Wein gut bedient, zum Beispiel mit einem Schoppen Müller-Thurgau oder Grauburgunder.

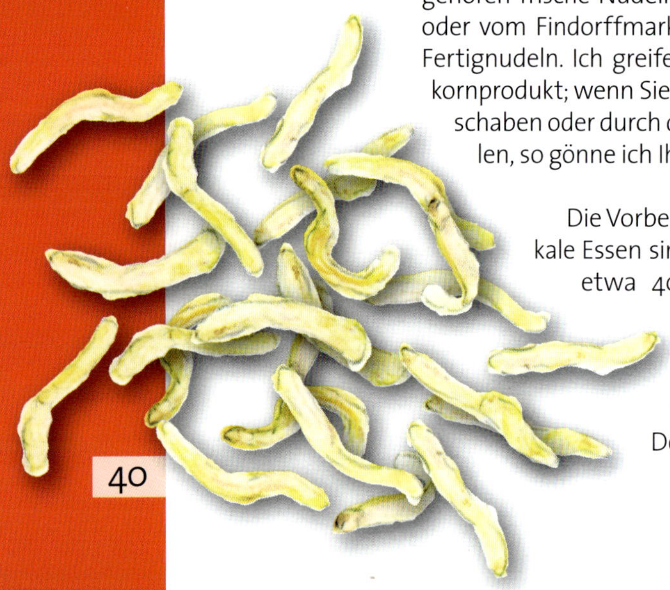

Dies & Das

Falafel

mit einer Kruste aus Sesamkörnern, dazu Eisbergsalat mit Joghurtsauce

Zutaten (4 Personen):

250 g	getrocknete Kichererbsen
0,1 l	Wasser
1	Eisbergsalat
2	Zwiebeln
2	Knoblauchzehen
1 TL	gemahlener Koriander
1 TL	gemahlener Kreuzkümmel
1 TL	Natron
	Sesamsaat
	Pflanzenöl zum Frittieren
	Pfeffer, Salz

Nicht zuletzt durch die große Zahl der Türken in der Bundesrepublik, aber auch durch die ungebrochene Reisefreude der Deutschen haben orientalische Speisen bei uns inzwischen einen recht großen Stellenwert bekommen. Damit meine ich nicht unbedingt Döner Kebab, sondern die vielen Leckereien der Alltags- und Festtagsküche, die im östlichen Mittelmeer beheimatet ist.

Heute möchte ich Sie für ein vegetarisches Gericht begeistern, dass zwar ein bisschen Arbeit macht, die Mühe jedoch durch ein ungewöhnliches kulinarisches Erlebnis belohnt. Es gibt Falafel, das sind ausgebackene Plätzchen aus Kichererbsenmehl, die in Sesam gewälzt werden. Bei der Rezeptur ist mir Salah Abou Dib, Inhaber des syrischen Restaurants »Palmyra«, behilflich gewesen.

Da der syrische Appetit allerdings ausgeprägter als der deutsche zu sein scheint, habe ich nach einem Selbstversuch die Mengen etwas reduziert. Wer sich gesund ernähren möchte, ist mit den Kichererbsenplätzchen gut bedient. Dazu gehören unbedingt eine große Portion Salat und frisches Fladenbrot. Die getrockneten Kichererbsen waschen und etwa zwölf Stunden lang einweichen. Geschälte Ware können Sie dann direkt weiterverarbeiten, bei ungeschälten Erbsen müssen zunächst die gelösten Hülsen entfernt werden.

Die Zwiebeln und die Knoblauchzehen pellen und grob zerkleinern. An würzenden Zutaten nehmen Sie einen gestrichenen Teelöffel gemahlenen Koriander oder als Variante ein halbes Bund Koriandergrün aus dem Asialaden. Zunächst müssen die Kichererbsen zerkleinert werden. Das können Sie mit dem Mixer oder mit der Moulinette machen, ich habe die besten Erfahrungen mit dem Wolf und seiner feinsten Scheibe gemacht. Die Zwiebeln und die Knoblauchzehen können Sie gleich mit den Erbsen durchnudeln.

Der Teig wird mit Salz, Pfeffer, dem Koriander und einem gestrichenen Teelöffel gemahlenen Kreuzkümmel gewürzt und gut durchgearbeitet. Damit die Plätzchen beim Ausbacken luftig werden und etwas aufgehen, wird Natron zugefügt. Dafür einen Teelöffel von dem weißen Pulver (Natriumhydrogencarbonat) in 0,1 l Wasser auflösen und unter den Teig mischen. Sie können auch Backpulver nehmen, dann müssen es allerdings zwei Teelöffel sein.

Der gut durchgearbeitete Teig wird zwischen zwei Esslöffeln zu kleinen Nocken geformt. Die Bällchen ins Sesamsaat wälzen, die Körnchen etwas andrücken.

Wer es perfekter machen will, besorgt sich für ein paar Mark in einem arabischen Lebensmittelladen eine Falafelform. Das ist ein kleiner Stanzer mit einer Feder drin. Man sticht damit Plätzchen aus dem Teig aus, taucht die Unterseite des Teigs in Sesamsaat und lässt den »Rohling« dann ins Fett flutschen.

Das Ausbacken geht gut im Wok, in einem nicht zu großen Topf oder in der Friteuse. Das Pflanzenöl sollte etwa 170 Grad haben. Kleiner Tipp: Stecken Sie den Stiel eines hölzernen Kochlöffels in das heiße Fett, wenn dabei Blasen aufsteigen, kann es losgehen.

Plätzchen für Plätzchen etwa zwei bis drei Minuten frittieren, mit dem Schaumlöffel aus dem Fett nehmen, gut abtropfen lassen und auf Haushaltskrepp entfetten. Im Backofen warm halten, bis der gesamte Teig verarbeitet ist.

Als Beilage gibt es eine Portion Eisbergsalat, der mit Sesampaste, Joghurt, zerdrücktem Knoblauch, etwas Zitronensaft, Salz, einer Prise Kreuzkümmel und etwas Paprika angemacht wird. Besonders erfrischend ist das Dressing, wenn man gehackte frische Minze und Zitronenfilets dazu reicht.

Wenn das Essen schon so gesund ist, dann soll es diesmal auch das dazu gereichte Getränk sein. Mein Vorschlag: Tee.

Drei-Gänge-Menü mit Steinpilzen

roh als Carpaccio, in Butter gebraten und geschmort

Zutaten (4 Personen):

1 kg	Steinpilze
0,1 l	Rotwein
0,1 l	Sahne
1	Schalotte
	Olivenöl
	Butter
	Pfeffer, Salz

Gute Nachbarschaft zeichnet sich dadurch aus, dass man sich gelegentlich mal aus der kleineren oder größeren Patsche hilft. Eier vergessen? Kein Problem, hier sind welche. Auf kulinarisch ganz anderem Niveau spielte sich allerdings das ab, was mir mein Nachbar Christian jüngst vorbeibrachte: frische Steinpilze – und gleich eine ganze Schüssel voll. Angesichts dieser Gabe ratterte mein Hirn sofort los, was mit dieser Überraschung wohl zu veranstalten wäre.

Ein kleines Drei-Gänge-Menü ist dabei herausgekommen. Als Auftakt gibt es ein Carpaccio von rohen Steinpilzen, dann in Butter gebratene Pilzscheiben und schließlich geschmorte Steinpilze in Sahne. Sie müssen angesichts von einem Kilo Steinpilzen nicht gleich in Ohnmacht fallen, denn diese Edelpilze sind in diesem Jahr angesichts der feuchten Witterung in Massen gewachsen, folglich halten sich auch die Preise in Grenzen.

Ein guter Gemüsehändler dreht Ihnen natürlich keinen Gammel an. Nur feste Pilze ohne Würmer oder anderem Kleingetier kommen in die Tüte. Stück für Stück wird sorgfältig geputzt, von Erde und Tannennadeln gesäubert. Wasser wird in den meisten Fällen nicht nötig sein, es würde die edlen braunen Dinger nur unnötig aufweichen. Gute Dienste leistet eine kleine Pilzbürste. Für mein Carpaccio stelle ich vier Teller bereit. Pro Nase schneide ich ein bis zwei kleine Exemplare in sehr dünne Scheiben und richte diese dekorativ an. Besonders gleichmäßig und dünn funktioniert dies mit einem Trüffelhobel, aber auch mit einem sehr scharfen Messer lässt sich diese Arbeit präzise erledigen. Über die Pilzscheiben gebe ich in dünnem Stahl feinstes Olivenöl, würze mit schwarzem Pfeffer aus der Mühle und mit etwas Salz. Besonders lecker ist für diesen Zweck grobes Meersalz, dessen Körnigkeit im Mund einen besonderen Geschmackseffekt erzeugt. Beste Qualität hat Fleurs du Sel, ein wundervolles Salz aus Frankreich.

Für den zweiten Gang schneide ist ein paar Pilze in Scheiben von einem halben bis einem Zentimeter Stärke. Die werden in Butter ein bis zwei Minuten pro Seite gebraten und nur mit Salz und Pfeffer gewürzt. Beachten Sie jedoch: Sie haben kein Steak in der Pfanne, bitte nicht mit brutaler Hitze arbeiten. Was Sie dann auf dem Teller haben, ist Minimalkochkunst mit maximalem Ergebnis – ein Traum von einem Pilzgericht. Schließlich gibt es geschmorte Steinpilze.

Dafür werden die verbliebenen Exemplare gewürfelt. Die Schalotte fein zerkleinern und in etwas Butter sanft anschwitzen, die Pilze hinzufügen und ebenfalls anziehen lassen. Mit dem Rotwein und der Sahne ablöschen. In der offenen Pfanne sanft vor sich hin schmurgeln lassen. Salz, Pfeffer – fertig.

Dieses Pilzragout schmeckt solo köstlich, Sie können dazu auch Bandnudeln servieren. Und wer auf ein Stück Fleisch nicht verzichten möchte, ist mit einer gebratenen Taubenbrust oder einem Hasenrücken sehr gut bedient. Welches Getränk begleitet diesen Hochgenuss angemessen? Zu den beiden ersten Varianten passt meiner Ansicht nach ein kräftiger Chardonnay, der ein wenig Holz vom Barrique mitbringen darf. Zum Steinpilzragout ist ein gereifter toskanischer Roter erste Wahl.

Klassische Fonds

ideal an trüben Tagen

Ein saftiges Steak mit frischem Gemüse – prima! Aber noch besser würde das Fleisch mit ein bisschen kräftiger Sauce schmecken. Doch woher nehmen, wenn bei Kurzgebratenem doch gar keine entsteht? Dann greife ich in meinen Tiefkühlschrank, nehme mir einen Würfel Kalbsfond heraus, gieße das Bratfett ab und löse den gefrorenen Fond in der Pfanne auf. Dann schmecke ich die kurze, kräftige Sauce ab – und fertig ist mein Begleiter für das Steak.

Die Zauberei ist keine, denn den Fond habe ich natürlich vorbereitet. In diesem Fall war es ein Kalbsfond, der vielleicht universell einsetzbar ist. Seine Herstellung erfordert ein paar Stunden Zeit, da sind trübe Herbsttage genau der richtige Zeitpunkt für die Kocherei. Wer Knochen kocht, bekommt Tapetenkleister. Deshalb sollte an den Dingern möglichst auch noch Fleisch dran sein. Bitten Sie Ihren Lieblingsschlachter, er möge Ihnen die Knochen und den Kalbsfuß in kleine Stücke sägen und eine kleine Portion Kochfleisch mit einpacken.

Nun sind Sie für den Fond-Kochtag gerüstet. Die Knochen und die Fleischstücke in einem großen Bräter im Ofen bei etwa 225 Grad anrösten. Inzwischen bereite ich auf dem Balkon oder der Terrasse eine Kochstelle vor. Ja, Sie haben richtig gelesen: Ich koche den Fond im Freien. Selbst bei bester Abzugshaube bleibt in der Küche ein fettiger Film zurück, wenn mehrere Liter Brühe verdampfen. Deshalb mein Umzug nach draußen.

Die angerösteten Knochen packe ich in meinen größten Suppentopf, röste die kleingeschnippelten Gemüse und das Tomatenmark an, gebe es mit in den Topf. Das Fett aus dem Bräter schütte ich weg, lösche mit Rotwein ab, gebe die Flüssigkeit über die Knochen. Nun mit kaltem Wasser bis Oberkante Knochen auffüllen und dann: Vollgas.

Sobald der Ansatz kocht, reduziere ich die Hitze, schäume ein paar Mal ab. Erst dann die würzenden Zutaten zugeben und die Hitze so regulieren, dass die Brühe sanft köchelt. Drei bis vier Stunden später ist schon ein guter Teil der Flüssigkeit verkocht, die Brühe kräftig.

Die Knochen herausfischen, den Fond durch ein feines Sieb geben. In den Topf zurück damit, Deckel drauf, den Fond über Nacht stehen lassen. Wenn Sie dann morgens auf den Balkon kommen, sehen Sie die Bescherung: Der schöne dunkle Fond ist ganz weiß. Na prima, das soll er auch sein. Auf wundersame Weise ist in der Kälte der Nacht das an der Oberfläche schwimmende Fett erstarrt. Das können Sie in diesem Zustand problemlos abheben – und schon ist der Fond entfettet.

Nun schmeißen Sie Ihren Kocher wieder an und reduzieren den Fond auf die gewünschte Menge. Ein Liter dürfte das richtige Maß sein. Den Fond füllen Sie nun in Eiswürfelbehälter oder in leere Joghurtbecher und frieren ihn ein. Die erstarrten Würfel in einen Gefrierbeutel packen – und schon ist der Vorrat fertig.

Übrigens: Die Produktion von Lamm-, Rinder- oder Wildfond ist ganz ähnlich, Sie müssen dann nur entsprechend andere Fleischsorten einkaufen und die Gewürze anpassen. Und dann dampft der Fond-Topf wieder auf dem Balkon.

Zutaten (1 Liter):

2 kg	Kalbsknochen
0,2 l	Rotwein
2 EL	Tomatenmark
1	Kalbsfuß
1	Suppengrün
3	Zwiebeln
1	Knoblauchzehe
	Wasser
	Pfefferkörner
	Thymian
	Nelke, Lorbeerblatt

Pizza

ganz frisch aus dem heimischen Backofen

Zutaten (3 Bleche):

1 kg	Mehl
1 TL	Salz
1	Würfel Hefe
	Wasser

Die Pizza ist wohl europaweit der bekannteste Fast-Food-Artikel aus Italien. Fast jedes Kaff hat inzwischen seine Pizzeria, die Tiefkühltruhen im Supermarkt quellen über von den vorbereiteten Teigfladen.

Doch gerade letztere können Lustesser nicht zufriedenstellen. Die Zutaten des Belags sind nur in homöopathischen Dosen eingesetzt, man kann schon froh sein, wenn pro Pizza mehr als 20 Gramm der Hauptzutat zu finden sind.

Da ich keine Lust auf Pizza Salami ohne Salami oder Pizza Thunfisch ohne Thunfisch habe, backe ich mir meine Pizza eben selbst. Das macht zwar etwas Arbeit, aber es schmeckt und man kann sich für den völlig überraschend kommenden Bärenhunger gleich ein paar Stücke einfrieren.

Allerdings wird sich die Pizza della casa meist von der im Restaurant unterscheiden. Das liegt am Ofen. Mit den Steinöfen in guten Pizzerien kommen die Haushaltsbacköfen leider nicht ganz mit. Wenn ich schon Pizza backe, dann gleich etwas mehr.

Drei Bleche bekomme ich aus einem Kilo Mehl. Die zerbröselte Hefe löse ich zunächst in 0,1 Liter lauwarmem Wasser auf, gebe dann ein, zwei Eßlöffel Mehl hinzu und rühre diesen dickflüssigen Vorteig glatt. Etwa eine halbe Stunde gehen lassen.

Das Mehl auf eine Arbeitsfläche oder in eine große Teigschüssel sieben, in die Mitte eine Mulde drücken, das Salz und den Vorteig hineingeben. Etwa 0,4 l lauwarmes Wasser bereitstellen.

Mehl, Salz und Vorteig vermischen, nach und nach Wasser unterarbeiten. Die genaue Menge läßt sich vorher nicht genau festlegen, sie hängt vor allem davon ab, wieviel Feuchtigkeit das Mehl aufnehmen kann. Das müssen Sie im Gespür haben; der Teig darf nicht zu bröselig, aber auch nicht zu klebrig sein. Etwa zehn Minuten lang kneten, bis er elastisch ist.

Den Teig in drei gleiche Teile teilen, jede Portion noch einmal durchkneten, mit Mehl bestäuben, die drei Kugeln in eine Schüssel geben, mit einem Tuch abdecken, auf der Heizung oder im auf 50 Grad warmen Backofen eine gute Stunde gehen lassen.

In der Zwischenzeit bereiten Sie den Belag vor. Bei drei Pizzas können Sie natürlich verschiedene Beläge ausprobieren, jeder kann sich seine Lieblingspizza von Champignon über Schinken oder Sardellen bis zu Meeresfrüchten wünschen. Der Vielfalt sind da höchstens durch den guten Geschmack Grenzen gesetzt.

An die Fladen, fertig, los. Jede Teigportion nach dem Gehen gut durchkneten und auf einer bemehlten Fläche als Rechteck in der Größe des Backblechs ausrollen. Auf das gefettete Blech legen und mit einem Teigroller bis in die Ecken verteilen, an den Rändern hochziehen.

Auf den Teig kommen nun passierte Tomaten aus der Packung, Oregano, die ausgewählten Zutaten für den Belag und schließlich Mozzarella in Scheiben. Manchmal wird von den Herstellern auch geriebener Gouda verwendet. Der ist billiger, die Pizza bekommt jedoch einen anderen Charakter.

Über die fertig belegte Pizza in ganz dünnem Strahl etwas feines Olivenöl träufeln und dann ab damit in den Backofen. Bei 250 Grad 20 bis 30 Minuten backen.

Zum Schluß möchte ich Ihnen eine besonders leckere Pizzaversion vorstellen, die ich kürzlich im Restaurant serviert bekam: Der Teig war mit Rucola (Rauke) und großen, sehr dünn geschnittenen Scheiben Parmaschinken sowie Mozzarella belegt – ein Hochgenuß. Dazu ein süffiger Weißer oder ein einfacher Chianti und all jene sind Lügen gestraft, die Pizza für eine niveaulose Schnellabfütterung halten.

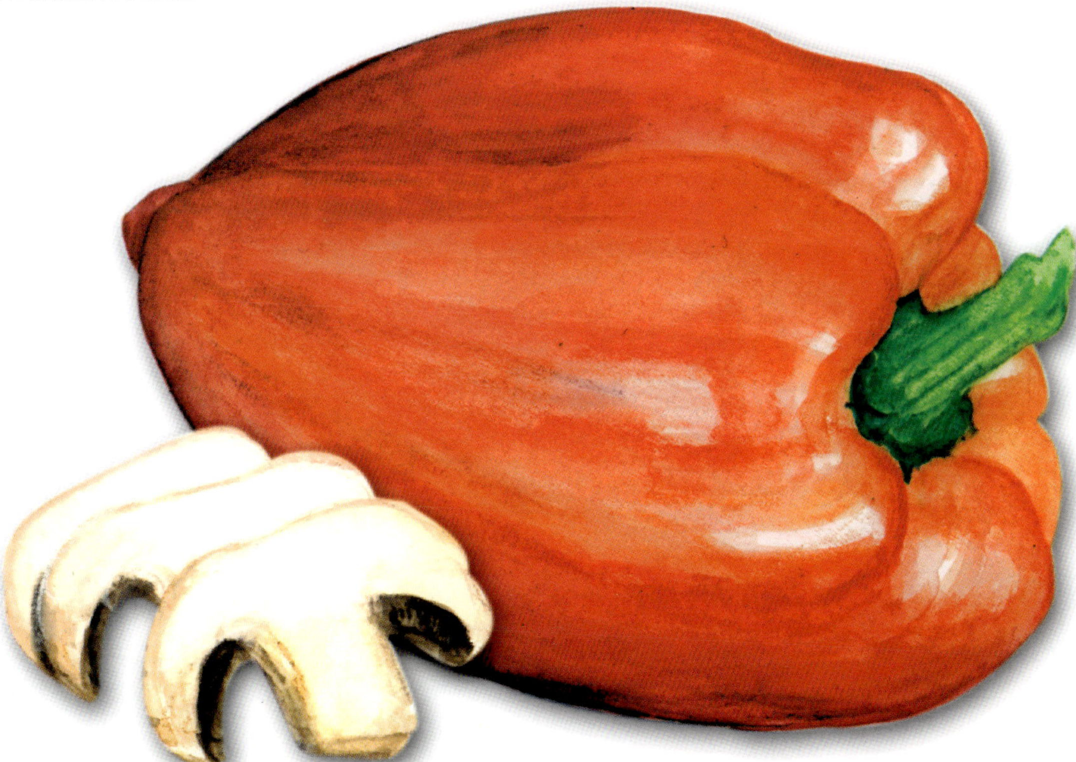

Pikant angemachter Bulgur

mit frischem Gemüse in knackige Salatblätter gehüllt

Zutaten (4 Personen):

250 g	Bulgur
3 EL	Tomatenmark
1 EL	Paprika edelsüß
6 EL	Olivenöl
1	Kopf Eisbergsalat
1	Bund Petersilie
3	Frühlingszwiebeln
1	Salatgurke
1	rote Paprikaschote
1	grüne Paprikaschote
1	Peperoni
	heißes Wasser
1/2	Zitrone
	Pfeffer, Salz

Selbst bekennenden Fleischliebhabern ist in den zurückliegenden Jahren mehr als einmal der Appetit vergangen. Mastskandale und BSE haben die Lust auf ein saftiges Steak oder einen großen Braten zumindest eingeschränkt. Schlachter und Landwirte können ein Lied davon singen, der Fleischverbrauch ist deutlich zurückgegangen.

Kein Wunder, wenn angesichts der immer neuen Horrormeldungen rund ums Schlachtvieh immer öfter Vegetarisches auf den Tisch kommt. Und da habe ich heute einen Rezeptvorschlag, der bestens dazu geeignet ist, Fleisch zumindest für eine Mahlzeit vergessen zu machen. Es gibt angemachten Bulgur, der in Salatblätter gehüllt wird.

Nun kommen Sie mir bloß nicht mit »Kenn' ich nicht«. Dann sollten Sie sich einfach einen Stoß geben und kulinarisches Neuland betreten. Bulgur ist Weizengrütze und wird vor allem im türkisch-orientalischen Raum verwendet. Bulgur gibt es in den vielen türkischen Lebensmittelläden, dort wird man Ihnen gern auch so manchen Tipp zu diesem Getreide und zur türkischen Küche geben. Eine Küche übrigens, die es durchaus mit der »Haute Cuisine« der westlichen Welt aufnehmen kann.

Die feine Weizengrütze (Türkisch: Köftelik Bulgur) verarbeite ich zu einer pikant abschmeckten Mischung mit Stücken von Salatgurke und Paprika.

Als ersten Arbeitsschritt den Bulgur in eine Schüssel geben und mit heißem Wasser übergießen, bis das Getreide gerade bedeckt ist. Deckel drauf und den Bulgur etwa eine Viertelstunde quellen lassen. In der Zwischenzeit können Sie die anderen Zutaten vorbereiten: Die Salatgurke schälen, längs halbieren und die Kerne auskratzen, das schiere Fleisch in Würfel schneiden. Die Paprikaschoten halbieren, entkernen, mit dem Sparschäler schälen und ebenfalls würfeln. Gepellt und fein gewürfelt werden die Frühlingszwiebeln, die Peperoni längs aufgeschlitzt, entkernt und fein zerschnitten. Alle Zutaten sollten recht fein zerkleinert sein. Schließlich noch die Petersilie waschen, abtupfen, zupfen und hacken.

Nun sind alle Vorarbeiten erledigt und der Bulgur kann zubereitet werden. Dafür das gequollene Getreide sorgfältig mit dem Tomatenmark und dem Paprikapulver vermischen. Das Mark muss vollständig aufgelöst sein. Dann die Paprika-, Gurken- und Frühlingszwiebelwürfel sowie die Peperonistückchen zugeben. Unter diese Mischung ziehen Sie das Olivenöl, den Saft einer halben Zitrone sowie die gehackte Petersilie. Und wenn Ihre Lust auf Gemüse immer noch nicht gestillt ist, können Sie zusätzlich ein paar halbierte Cocktailtomaten unter den Bulgur ziehen.

Alles gut durchmischen und mit Pfeffer und Salz abschmecken. Abschmecken habe ich geschrieben, nicht gleich die halbe Schüssel leer futtern. Das Zeug ist verdammt lecker, nicht wahr? Wird noch leckerer, wenn Sie es ein paar Minuten im Kühlschrank ziehen lassen. Und damit die Wartezeit nicht langweilig wird, können Sie inzwischen den Eisbergsalat putzen, in einzelne Blätter zerlegen, diese dann waschen und schließlich trocken schleudern oder mit einem Küchentuch abtupfen.

Die Salatblätter auf einem Teller gestapelt servieren. Da bedient sich dann jeder selbst, gibt ein bis zwei Esslöffel Bulgur auf ein Blatt und rollt es dann auf. Frisches Fladenbrot als weitere Beilage kann nicht schaden. Guten Appetit – und das ganz ohne Fleisch. Oder auf Türkisch: Afiyet olsun!

Nun glauben wohl nur Ignoranten, dass Vegetarier zum Essen stilles Wasser oder Mate-Tee trinken. Bei mir gibt es jedenfalls einen kräftigen, trockenen Weißwein dazu. Und an ein saftiges Steak denke ich frühestens morgen wieder.

Pochierte Eier

mit Blattspinat und leichter Senfsauce, dazu gibt es Pellkartoffeln

Zutaten (4 Personen):

- 1 kg Spinat
- 125 g Butter
- 125 g Joghurt
- 1 l Wasser
- 5 EL Essig
- 2 EL Weißwein
- 2 TL Senfpulver
- 8 Eier
- 2 Eigelb
- 2 Schalotten
- 1 Knoblauchzehe
- Kartoffeln
- Butter
- Saft einer halben Zitrone
- Pfeffer, Salz

Es gibt Menschen, die können nach Weihnachtsgans sowie Kohl-und-Pinkel-Zeit kaum noch Fleisch sehen. Muss ja auch nicht jeden Tag auf den Tisch kommen. Die Palette der Gemüsegerichte oder Fischzubereitungen, der Aufläufe und Pasta-Variationen ist groß, und bei richtig schmackhafter Küche wird kaum jemand Braten, Schnitzel & Co. vermissen.

Ich will Sie auf keinen Fall zum Vegetarier umerziehen, trete aber den Beweis an, dass es auch mal ohne Fleisch schmeckt. Es gibt pochierte Eier auf Blattspinat mit Senfsauce und Pellkartoffeln.

Fangen wir mit dem vermeintlich Schwersten an – dem Pochieren der Eier. Dabei ist das gar nicht so schwierig – wenn man sich nur an ein paar Regeln hält.

Aus dem Kühlschrank sollten die Eier stammen und möglichst frisch sein. Das Zubehör ist überschaubar: Eine Pfanne oder Sauteuse mit hohem Rand, in der das Wasser zum Kochen gebracht wird, dem zwei Teelöffel Salz und der Essig zugefügt wurden. Wenn dieser Sud kocht, die Hitze reduzieren, dass die Brühe sanft simmert.

Nun kommt der Moment der Wahrheit: Wie kommt das Ei in die Brühe, ohne dass es in ihr zerfließt? Mit Geschick und etwas Übung! Ein Ei vorsichtig aufschlagen und in eine Tasse oder eine Suppenkelle geben. Das Ei nun vorsichtig in die Brühe gleiten lassen. Mit zwei Esslöffeln hindern Sie allzu vorwitziges Eiweiß daran, wild auszufransen. Mit den Löffeln das Eiweiß über dem Eigelb zusammenschlagen, so dass das Gelb eingehüllt wird.

Nach zwei Minuten das Ei wenden und noch einmal die gleiche Zeit garen. Mit der Schaumkelle herausheben und warm stellen. So verfahren Sie Ei für Ei, bis alle fertig sind. Wer einen farbigen Akzent auf dem Teller setzen will, gart die Hälfte der Eier in Rotwein – sieht witzig aus, bringt geschmacklich aber nicht viel.

Den jungen Spinat – so Sie ihn denn schon bekommen können – sorgfältig putzen und noch sorgfältiger waschen. Die Schalotten und die Knoblauchzehe pellen, fein würfeln und in Butter sanft anziehen lassen. Den ausgedrückten Spinat zufügen. Einmal umrühren, Deckel drauf, die Feuchtigkeit reicht aus, um das Grünzeug zu garen. Aber bitte nicht schlabberweich. Salz, Pfeffer und ein bisschen frisch geriebene Muskatnuss geben den letzten Schliff. Falls noch kein junger Spinat zu bezahlbaren Preisen zu bekommen ist, können Sie auch auf Blattspinat aus der Tiefkühltruhe zurückgreifen. Aber bitte wirklich Blattspinat nehmen, nicht den Kuhfladen-Brei.

Bleibt die Senfsauce. Dafür brauchen Sie eine Hollandaise als Basis. Das Verfahren kennen die meisten von Ihnen schon: Butter schmelzen. Die zwei Eigelbe mit Wasser und Wein sowie Pfeffer, Salz und dem Saft der halben Zitrone aufschlagen. Nun den Topf mit der Mischung in ein Wasserbad geben oder über Dampf erhitzen. Mit dem Schneebesen zunächst einen Tropfen Butter, dann zwei, drei, dann den Rest in dünnem Strahl zufügen. Sorgfältig rühren und die Hitze der Sauce mit der Fingerprobe kontrollieren. Die Sauce wird dicklich, dann muss sie weg von der Hitze.

Die neutrale Saucenbasis soll nun noch zur Senfsauce werden. Zunächst ziehe ich den Naturjoghurt unter, dann zwei Teelöffel englisches Senfpulver, die zuvor in derselben Menge Wasser angerührt wurden. Statt des Senfpulvers können Sie auch Dijonsenf nehmen beziehungsweise eine Mischung aus Senf und Senfpulver.

Die Sauce schmeckt erstklassig zu jeder der drei Hauptzutaten: Zu den Eiern, zum Spinat und auch zu den kleinen Pellkartoffeln. Hat da etwa jemand nach Fleisch gerufen?

Salbei

zu Bohnen

Grundrezept (Bierteig):

100 g	Mehl
0,1 l	Bier oder 0,1 l Wein
2	Eiweiß
1	Ei
	Salz

Denk' ich an Salbei, denk' ich an die Toskana. In keinem anderen Landstrich wird dieses Kraut so verschwenderisch eingesetzt wie dort. Vor allem dem weißen Fleisch von Kaninchen, Huhn, Kalb oder Schwein verleiht es sein köstliches, intensives, ein bißchen auch an Medizin erinnerndes Aroma.

Nicht ohne Grund sind es gerade diese Fleischsorten mit ihrem verhältnismäßig geringen Eigengeschmack, die mit Salbei, manchmal auch zusätzlich Rosmarin, eine völlig neue Qualität entwickeln. Sie nehmen nämlich fremde Aromen ausgesprochen gut an.

So wird in der toskanischen Küche Salbei gleich bündelweise in den Bauch eines Huhnes oder Kaninchens geschoben. Ein paar Zweige Rosmarin dazu, ein, zwei Knoblauchzehen, zugenäht, Olivenöl drüber, Pfeffer und Salz – und ab in den Ofen damit. Herz, was willst du mehr!?! Vielleicht ein Glas mit leichtem Weißwein dazu.

Oder nehmen Sie das berühmte Saltimbocca alla romana, sehr frei übersetzt »Spring in den Mund«. Dazu werden dünn ausgeklopfte Kalbsschnitzel mit Pfeffer und Salz gewürzt, mit hauchdünnem Parmaschinken und Salbeiblättern belegt, mit Zahnstochern zusammengesteckt und kurz gebraten. Schmeckt herrlich beim Picknick. Die Schnitzelchen springen schneller in die Münder der Gäste als Sie gucken können.

Einen ähnlichen Erfolg werden Sie mit einem toskanischen Klassiker haben, mit weißen Bohnen, die kräftig mit Salbei gewürzt werden. Ich weiche dafür weiße Bohnen ein und fülle sie gemeinsam mit zahlreichen Salbeiblättern und jungen Knoblauchzehen in eine ausgewaschene Milchflasche.

Vier Eßlöffel Olivenöl, 0,5 l Wasser, Salz und Pfeffer mischen und ebenfalls in die Flasche geben. Mit einem sauberen Tuch – aber auf keinen Fall mit dem Schraubverschluß – den Flaschenhals verschließen und die Flasche in den auf 180 Grad vorgeheizten Backofen stellen. Wenn zu viel Flüssigkeit durch den Stopfen verdampft, müssen Sie etwas Wasser nachfüllen. Nach anderthalb bis zwei Stunden haben sie eine Köstlichkeit, dessen Salbei-Geist sie am besten zu gegrilltem Fleisch aus der Flasche lassen. Die Bohnen schmecken auch sehr gut zu einer toskanischen Wurst- und Schinkenauswahl.

Möchten Sie einmal Salbei pur genießen? Dann habe ich würzige Appetithappen für Sie im Angebot. Dazu werden Salbeiblätter gezupft, gewaschen und getrocknet. Dann rühren Sie einen nicht zu dickflüssigen Wein- oder Bierteig an.

Das Mehl mit dem Salz, dem Bier oder Wein sowie dem Eigelb vermischen. Die steifgeschlagenen Eiweiße unterziehen. Die Konsistenz des Teigs mit etwas Mehl, wenn er dünnflüssig ist, oder mit etwas Bier oder Wein, bei zu dickem Teig, regulieren.

Die Salbeiblätter durch den Teig ziehen und in der Friteuse oder einem im Topf erhitzten Öl ausbacken. Abtropfen lassen und auf Küchenkrepp entfetten. Als Amuse gueule vor einem Frühlings-Menü genau das Richtige. Das macht Appetit, und man hat schon ein bißchen Vorgeschmack auf die warme Jahreszeit im Mund.

Sauce Béarnaise

paßt gut zu gegrilltem Fleisch, zu Lachs und zu Spargel

Zutaten (4 Personen):

180 g	Butter
3 EL	Weißwein
2 EL	Weißweinessig
1 EL	Wasser
3 EL	Estragonblätter
1 EL	Kerbel
3	Eigelb
2	Schalotten
	Zitrone
	Pfeffer, Salz

Wenn es so etwas gibt wie die Angst des Torwarts vor dem Elfmeter, dann entspricht dem in der Küche die Furcht vor dem Mißlingen einer Sauce Hollandaise oder einer Béarnaise. Diese beiden Ei-Butter-Verbindungen sind in der Tat etwas hitzescheu. Wer die Gesetzmäßigkeiten von Physik und Chemie mißachtet, wird mit einem unansehnlichen Gemisch im Topf abgestraft. Trauen Sie sich ruhig eine richtige Béarnaise zu, die so herrlich zu gegrilltem Fleisch, zu Lachs oder Lachsforelle, zu Spargel und anderem Gemüse paßt. Wer ein paar Vorsichtsmaßregeln beachtet und nicht gleich für 20 Geburtstagsgäste mit den Übungen beginnen will, der stellt sich schon mal die Zutaten zurecht. Die Mengen können Sie je nach Zahl der Esser variieren, auf 60 Gramm Butter rechne ich ein Eigelb.

Los geht es mit dem Hochseilakt Béarnaise! Zunächst lasse ich die Butter schmelzen, ohne daß sie auch nur den Hauch von Farbe annimmt. Vom Herd ziehen und etwas abkühlen lassen. In einer schweren Sauteuse – das ist ein Stieltopf mit schrägen Wänden – oder einer Kasserolle die kleingeschnippelten Schalotten mit dem Essig, dem Wein, 2 EL Estragon und ein paar schwarzen Pfefferkörnern aufkochen und bis auf etwa zwei Eßlöffel Flüssigkeit reduzieren. Diese Flüssigkeit durch ein Sieb und dann zurück in die Sauteuse geben. Ein Eßlöffel kaltes Wasser kühlt sofort herunter. Die Eigelbe unterrühren und diese Masse ein bis zwei Minuten schaumig rühren.

So, jetzt also anschnallen zur Saucenvollendung. Etwas Konzentration, bitte, und beim ersten Mal vielleicht einen Helfer an die Seite stellen. Nicht zu viel Hitze heißt die Devise, bei meinem Herd stelle ich die Platte auf Stufe 6 von 12. Meine wichtigsten Instrumente für die kommenden fünf bis zehn Minuten sind ein Schneebesen und mein linker Zeigefinger. Frisch gewaschen, natürlich.

Kochtechnisch sind Béarnaise und Hollandaise Emulsionen. Dabei verbinden sich Fett und Wasser, in diesem Fall mit der Butter und Ei-Mischung. Damit der Prozeß in Gang kommt, schlage ich zunächst nur einen Tropfen Butter unter. Das ist die Initialzündung. Dann drei, vier Tropfen, dann einen winzigen Schuß, dann einen Strahl und schließlich rinnt der Rest in dünnem Strahl in den Topf. Während der ganzen Zeit rühre ich mit dem Schneebesen kräftig, achte darauf, daß der Topfboden immer sorgfältig bestrichen wird, damit nichts ansetzt. Wer zusätzlich einen »Rettungsring« benötigt, erhitzt die Sauce nicht direkt im Topf, sondern im Wasserbad.

Die Masse wird langsam lau, ich rühre weiter, stecke ab und zu meinen Finger in die gelbliche Sauce. Der fungiert als Thermometer: Solange ich ihn ohne großes Hitzegefühl eintunken kann, ist keine Gerinnungsgefahr im Verzuge. Die Sauce wird langsam sämig, die Temperatur steigt und damit die Spannung. Reizen Sie vor allem bei den ersten Versuchen die Sauce nicht bis an die Grenze aus. Zu schnell ist sie überhitzt und damit verdorben. Also rechtzeitig vom Herd ziehen – uff, das wäre geschafft. Fast. Der letzte Schliff fehlt noch, und den verpasse ich der Béarnaise mit Salz, Pfeffer, Zitrone, feingehacktem, frischem Estragon und Kerbel. Und dann weicht die Angst und es kommt ein stolzes Gefühl: Meine erste Sauce Béarnaise! Tütensaucenwunderland ade.

Schlanke, schnelle Wok-Küche

ein bisschen Fleisch, viel Gemüse und exotische Gewürze für ein leichtes Essen

Was wäre für eine Diät besser geeignet als Gemüse? Und weil ich weiß, dass es bei reinem »Grünfutter« immer ein paar Nörgler gibt, füge ich ein paar Gramm Alibifleisch hinzu. Wer es noch sättigender haben möchte, erhöht einfach die Schnitzel-Ration. Aber gut für die guten Vorsätze ist das nicht.

Es gibt heute eine Gemüsepfanne aus dem Wok, abgeschmeckt mit Ingwer, Sojasauce und mehr oder weniger Schärfe. Bei der Zutatenliste ahnen Sie schon, dass es hier um schnelle, frisch zubereitete Küche geht. Also, ran ans Messer und die Schnippelei.

Das Fleisch würfeln, die Paprikaschote entkernen, mit dem Sparschäler häuten und würfeln. Die Champignons in Scheiben schneiden, die Frühlingszwiebeln in Ringe, den Chinakohl in Streifen. Die Karotten schäle ich und zerlege sie dann in streichholzgroße Streifen, in Fachkreisen Julienne genannt. Diese kleinen Dinger blanchiere ich in kochendem Salzwasser ein bis zwei Minuten, da sie im Wok ansonsten gartechnisch zurückbleiben würden. Schließlich sind noch Knoblauch und Ingwer dran, nach dem Schälen verwandele ich diese wurzenden Zutaten in winzige Würfel. Die rote Chilischote in Ringe schneiden.

Übrigens wende ich bei den Vorbereitungen wieder das »Mis-en-Place«-Prinzip an. Das heißt, alle Zutaten werden am Herd getrennt bereitgestellt, bevor das Feuer angeworfen wird. So kann man dann, wenn es losgeht, sich voll und ganz auf das Kochen konzentrieren. So geht es einfach entspannter.

Nun steht alles bereit, ich gebe ein paar Esslöffel Erdnuss- oder Traubenkernöl in den Wok und anschließend Vollgas. Zunächst wird das Fleisch unter ständigem Rühren angebraten, dann füge ich Ingwer, Knoblauch und Chili hinzu. Es folgen Paprika, Champignons, Frühlingszwiebeln und blanchierte Karotten.

Ich würze nun das erste Mal mit Pfeffer und Salz, wirble den Inhalt laufend kräftig durcheinander – nicht ohne Grund sprechen die Asiaten von Pfannengerührtem. Schließlich kommen auch noch Sojasprossen und Chinakohl hinzu, der Wok erscheint fast zu klein. Doch keine Bange! Die Gemüse fallen ziemlich schnell zusammen.

Jetzt für zwei, drei Minuten den Deckel drauf, so ziehen die Zutaten etwas Brühe. Und schon ist das Essen fast fertig. Nur noch mit Sojasauce würzen, die Schärfe regulieren – das war es auch schon. Die leichte Wok-Küche schmeckt solo ebenso wie mit Basmatireis oder einem Stück Baguette. Und glauben Sie es mir – oder auch nicht: Nach diesem Leichtgewicht an Essen fühlt man sich gleich mindestens 200 Gramm leichter.

Zutaten (4 Personen):

400 g	Schweineschnitzel
250 g	rosa Champignons
250 g	Sojasprossen
1	rote Paprikaschote
1	Bund Frühlingszwiebeln
2	Karotten
1	Knoblauchzehe
1	Stück Ingwer
1	Stück rote Chilischote
1/2	Chinakohl
	Basmatireis
	Neutrales Öl
	Sojasauce
	Pfeffer, Salz

Würzig-rustikaler Auflauf

mit Porree, Champignons und Lammfleisch

Zutaten (4 Personen):

500 g	Lammhack oder Lammfilet
200 g	Emmentaler
125 g	rosa Champignons
0,3 l	Sahne
2	Eier
2	Schalotten
1	Knoblauchzehe
2	große Stangen Porree
	Öl
	Thymian, Curry
	Pfeffer, Salz

Aufläufe gehören mit zu den beliebtesten Speisen auf deutschen Tischen – so eine Umfrage einer Zeitschrift. Recht so, denn wann immer bei mir eine feuerfeste Form mit einer goldgelben Kruste auf dem Tisch steht, schlägt die verwöhnte Bande hemmungslos zu. Psychoanalytiker können sicher erklären, weshalb eine leicht knusprige Deckschicht aus zerschmolzenem Käse eine solche unwiderstehlich kulinarische Anziehungskraft ausübt.

Als Koch interessiert mich allerdings weniger, was der Mackendoktor meint, sondern das, was auf den Tisch kommt. Bei »Pott un Pann« ist es heute ein Auflauf von Porree, Champignons und Lammfleisch. Wobei Sie sich aussuchen können, ob Sie durchwachsene Schulter mit der Moulinette/dem Wolf zu Hackfleisch verarbeiten oder lieber das edlere Lammfilet verwenden wollen. Letztlich auch eine Kostenfrage.

Beginnen wir mit dem Fleisch. Soll es Hack sein, so löse ich die Schulter aus, schneide das Fleisch in kleine Stücke und zerkleinere diese zu Hack. Bei ordentlicher Hitze in wenig Öl krümelig braten und mit Salz, Pfeffer und Thymian würzen. Soll es Filet sein, so schneide ich das edle Fleisch in dünne Scheiben und brate sie, anschließend würzen wie beim Hack.

Für das Gemüse die Schalotten und die Knoblauchzehe pellen und fein würfeln. Den Porree putzen, längs vierteln, in dünne Scheiben schneiden, gründlich waschen und im Sieb abtropfen lassen. Die Champignons putzen und in Viertel schneiden.

In einer großen Pfanne die Schalotten- und Knoblauchwürfel in etwas Öl sanft anziehen lassen. Den Porree und die Pilze zufügen. Ebenfalls kurz anschwitzen, dann mit 0,1 l Sahne aufgießen und sanft köcheln lassen. Wenn die Flüssigkeit fast verkocht ist, mit Salz, Pfeffer und nicht zu wenig Curry abschmecken. Dieses exotische Gewürz verträgt sich blendend mit Porree und mit Lammfleisch, in der Kombination noch viel besser. Würzen, schmecken, staunen!

Für den Guss reibe ich den Käse und vermenge ihn mit den beiden Eiern und 0,2 l Sahne. Mit Salz und Pfeffer würzen. Wer demnächst als Vampirschreck auftreten will, presst noch eine Knoblauchzehe an die Mischung.

Nun schnappe ich mir eine Form aus Jenaer Glas oder einem anderen feuerfesten Material. Erfahrene Lustesser wissen: Wenn die Oberfläche möglichst groß ist, dann gibt es auch besonders viel von der leckeren Kruste.

Zuerst wird das Gemüse eingeschichtet, dann kommt das Hackfleisch oder das Filet drüber, die Krönung ist dann der Ei-Sahne-Käse-Guss. Die Form kommt in den auf 180 Grad vorgeheizten Backofen und bleibt dort für eine gute halbe Stunde. Ab und zu nach dem Rechten sehen, ob die Kruste nicht zu braun wird. Bei Verbrennungsgefahr mit einem Stück Alufolie abdecken. Und dann? Dann entsteht Auflauf-Glück. Verzauberte Mienen danken es Ihnen!

Fisch

Fischbeilage: Grüner Spargel

gebraten mit dünn gehobeltem Parmesan und Olivenöl

Zutaten (4 Personen):

1 kg grüner Spargel
Parmesan
Olivenöl
Salz

Lustesser wie ich freuen sich jedes Jahr wie die Schneekönige auf die Spargelsaison. Aber wer genießen will, der muß auch warten können. Was jetzt in die Tüte kommt, entspricht oftmals nicht dem, was ich mir unter aromatischem Spargel vorstelle.

Damit die Wartezeit nicht so lang wird, überbrücke ich sie mit einer Alternative: mit grünem Spargel. Der schmeckt deutlich mehr nach Gemüse als der weiße Bruder, aber er hat durchaus auch seine Qualitäten. Vor allem in Verbindung mit Olivenöl. Anders als weißer Spargel eignet sich die grüne Ware für meinen Geschmack gut zum Braten. Nicht volles Rohr mit großer Hitze, sondern ganz sanft.

Am besten kommt diese Art der Verarbeitung in einer ganz simplen Zubereitung zum Ausdruck, die sowohl Vorspeise sein kann, aber auch eine Beilage zu Fisch oder weißem Fleisch.

Das soll alles gewesen sein? Ja, das ist alles. Der Spargel sollte möglichst frisch und recht dünn sein. Ideal ist die wilde Ware aus der Toskana, aber die wird hier so gut wie nie angeboten. Also nehmen Sie Stangen, die höchstens die Stärke eines kleinen Fingers haben. Das holzige Ende großzügig abschneiden, den Spargel im unteren Teil mit dem Sparschäler schälen. Schräg in etwa fünf Zentimeter lange Abschnitte schneiden, abbrausen und mit Haushaltskrepp abtupfen.

Zutat zwei ist Olivenöl. Aus der ersten Pressung und von guter Qualität sollte es sein. Dabei ist nicht unbedingt teuerstes Öl auch das beste, wie die jüngsten Ergebnisse der Stiftung Warentest belegen. Ausgerechnet das preiswerteste Öl von Aldi gehörte zur Spitzengruppe.

In einer Pfanne mit großem Durchmesser erhitze ich eine großzügige Menge Öl nicht zu stark und gebe den Spargel hinein. Unter mehrfachem Wenden rund fünf Minuten sanft braten. Schließlich liegt kein Steak in der Pfanne.

Über den richtigen Gargrad gibt wie immer der Gabeltest Auskunft. Ein Stück herausgefischt, in den Mund geschoben, draufgebissen – und schon weiß ich Bescheid. Auch darüber, daß noch Salz fehlt; dem helfe ich schnell ab.

Ist der Spargel gar, das heißt mit noch ein wenig Biß, dann hebe ich ihn aus der Pfanne und lasse ihn über einem Sieb abtropfen oder entfette ihn mit einem Küchentuch.

Zum Servieren richte ich die grünen Abschnitte auf großen Tellern an und beträufele sie mit einem besonders guten, wertvollen Olivenöl. Sehr gut zum grünen Spargel paßt eines, das mit Zitronen- oder Limettensaft aromatisiert wurde.

Die geschmackliche Vollendung geschieht durch hauchdünnen Parmesan. Ich nehme eine recht junge, noch nicht harte Sorte, erzeuge hauchdünne Scheiben mit dem Trüffelhobel. Notfalls tut es auch ein Gemüsehobel, dessen Schneidstärke besonders dünn einzustellen ist.

Ein perfektes Leckerli, das in seiner Schlichtheit kaum zu übertreffen ist. Wem das Gemüse solo nicht reicht, der kann es noch durch Fisch oder Fleisch ergänzen. Eine originelle Beilage ist eine Lachsfrikadelle.

Dafür eine Schalotte fein würfeln. 400 g sorgfältig entgrätetes Lachsfilet mit dem großen Kochmesser fein hacken. Mit den Schalottenwürfeln vermischen, salzen, pfeffern, kleine Frikadellen aus dem Teig formen und in Olivenöl kurz braten.

Sie werden schmecken: Durch die zerkleinerte Zubereitung bekommt der Lachs eine völlig andere Charakteristik. Wer keine Angst vor rohem Fisch hat, brät nur kurz von beiden Seiten an, das Innere bleibt wachsweich. So lassen wir uns den grünen Spargel schmecken und freuen uns auf den weißen.

Gebratener Kabeljau

zu exotisch angehauchtem Gemüse mit Kokosmilch

Zutaten (4 Personen):

750 g	Kabeljaufilet
250 g	rosa Champignons
0,25 l	Fischfond
1	Spitzkohl (ca. 500 g)
2	Schalotten
1	Bund Frühlingszwiebeln
2 – 4	Knoblauchzehen
	Traubenkernöl
	Kokossahne
	Sojasauce
	Chilisauce/Cayennepfeffer
	Pfeffer, Salz

Es gibt zwei Methoden, wenn man für sich und seine Lieben ein leckeres Essen kochen möchte. Methode 1: Ich suche mir aus einem Kochbuch oder einer Zeitschrift ein verheißungsvolles Rezept aus, mache mich auf den Weg zum Schlachter oder Fischhändler, zum Gemüsemann oder Wochenmarkt. Nur dumm, wenn die eine oder andere Zutat gerade nicht im Angebot ist.

Methode 2: Einkaufen, was besonders frisch und appetitlich aussieht. Zu Hause dann überlegen, was man aus der angeschleppten Beute kochen könnte. Diese Art des Kochens liegt mir mehr als das sture Kleben am Rezept, sie erfordert jedoch ein paar Grundzutaten im Vorrat sowie die Lust, Neues auszuprobieren.

Das habe ich kürzlich mit meinem Freund Manfred gemacht. Wir trafen uns zum spontanen Kochen, legten dafür die gerade vorhandenen Zutaten auf den Tisch.

Beim Thema Fisch gibt es nur ein herausragendes Qualitätsmerkmal und das heißt Frische. Deshalb liegt heute auch Kabeljau auf meinem Tisch, es hätte auch Rotbarsch oder Schellfisch sein können. Alles sauber filetiert und zu Hause noch einmal auf Gräten kontrolliert. Den Fischfond kochen Sie entweder aus Gräten, Häuten und Gemüsen selbst, bringen fertigen Fond vom Fischhändler mit oder greifen zum Glas.

Für mein Gemüse viertel ich den Spitzkohl, entferne Strunk und welke Blätter, schneide die Viertel in feine Streifen. Im Fischfond sacht köcheln lassen.

In einer großen Pfanne oder Sauteuse die feingewürfelten Schalotten und Knoblauchzehen anziehen lassen. Blättrig geschnittene Champignons sowie die Ringe der Frühlingszwiebeln zufügen. Das angebratene Gemüse zum Kohl geben und alles mit Salz und Pfeffer würzen.

In der Zwischenzeit die Fischfilets in der Pfanne in Traubenkernöl anbraten, nach zwei, drei Minuten vorsichtig wenden, garziehen lassen. Mit Salz und Pfeffer würzen.

Das Gemüse mit etwa einer halben Dose Kokossahne aufgießen, die Brühe mit Sojasauce und Chilisauce oder Cayennepfeffer abschmecken.

Die Fischfilets auf vorgewärmten Tellern anrichten, mit dem etwas suppigen Gemüse um- und übergießen. Die exotische Note könnte man noch durch ein bißchen Ingwer und Zitronengras steigern, aber das hatten wir gerade nicht vorrätig.

Dafür jedoch einen gut gekühlten Chardonnay, der mit seiner Kraft auch gegen ein Feuerwerk starker Aromen bestehen kann.

Gefüllte Tintenfische

mit einer Sauce aus verschiedenen Gemüsen und einer Portion Knoblauch

Einige Menschen grausen sich schon bei der Vorstellung, Tintenfische zu essen. Allenfalls in Form der berüchtigten panierten und frittierten Gummibänder wird das Meeresgetier akzeptiert. Doch wer bei diesem Thema nicht neugierig ist, verpasst einen Hochgenuss. Heute möchte ich mit Ihnen gefüllte Tintenfische zubereiten.

Keine Angst vor Glubber und Furcht einflößenden Fangarmen: Ihr Fischhändler hat bestimmt sehr appetitliche, geputzte, weiße Tintenfischkörper für Sie im Angebot. Ganz frisch müssen die rund zehn Zentimeter langen Tuben sein, die eiweißhaltige Ware ist schnell verderblich. Als Sauce koche ich eine Gemüsebeilage, die sich zwischen fest und flüssig bewegt und die mit einer reellen Portion Knoblauch gewürzt wird.

Die Tintenfische innen und außen gründlich waschen. Zwei der zehn Körper benötigen Sie für die Füllung. Die werden ebenso fein gehackt wie die Sardellenfilets und eine Knoblauchzehe. Sie können beide Zutaten mitsamt der Knoblauchzehe auch in der Moulinette zerkleinern. Das »Gehackte« mit zwei Esslöffeln Paniermehl, einem Ei und einem halben Bund gehackter glatter Petersilie mischen. Mit Pfeffer und Zitrone abschmecken. Mit Salz sehr vorsichtig zu Werke gehen, da die Sardellenfilets oftmals von Haus aus viel Salz mitbringen. Die Masse nicht zu stramm in die acht verbliebenen Tintenfischkörper füllen und diese mit Zahnstochern verschließen.

In eine mit Olivenöl gefettete Form legen, mit Öl beträufeln. Salzen und pfeffern und im Backofen bei etwa 180 Grad eine knappe halbe Stunde garen. Nach der Hälfte der Garzeit etwas Weißwein abgießen.

In der Zwischenzeit vielleicht aus medizinischen Gründen mal einen Schluck trinken und das Gemüse zubereiten. Staudensellerie, Karotten und Lauch putzen und fein würfeln. Die Schalotten würfeln, in Olivenöl anziehen lassen. Alle Gemüse zufügen, etwas Weißwein angießen und sacht schmoren lassen. Den geschälten Knoblauch hauchdünn schneiden und zum Gemüse geben oder gleich in den Topf hobeln.

Die Tomatenwürfel aus der Packung – aromatische Frischware ist einfach noch nicht am Markt – zufügen und den Sugo im geschlossenen Topf ganz sanft köcheln lassen. Mit Salz und Pfeffer abschmecken, zum Schluss die zweite Hälfte vom Petersilienbund fein gehackt untermengen. Wer noch eine Sättigungsbeilage dazu braucht, liegt mit dünnen Bandnudeln bestimmt richtig.

Na, war es nun so schlimm mit dem Meeresgetier? Ich höre schon Stimmen, die nach Wiederholung in Zeitlupe verlangen. Ist gut zu verstehen, denn mit frittierten Gummibändern haben diese Tintenfische nun wahrlich nichts zu tun.

Zutaten (4 Personen):

250 g	Tomaten in Stücken
2 EL	Paniermehl
10	Tintenfischtuben
4	Sardellenfilets
1	Ei
1	Bund glatte Petersilie
3	Knoblauchzehen
4	Stangen Staudensellerie
2	Karotten
2	Schalotten
1	Stange Lauch
	Weißwein
	Olivenöl
	Zitrone
	Pfeffer, Salz

Lasagne

von hauchdünn geschnittenem Kohlrabi und frischem Lachs

Zutaten (4 Personen):

400 g	Lachsfilet
0,1 l	Sahne
0,25 l	Fischfond
4	Tomaten
2	Kohlrabi
	Butter
	Zitrone
	Basilikum
	Pfeffer, Salz

Es gibt Lebensmittel, die entwickeln einen völlig anderen Geschmack je nachdem, ob man sie dick oder dünn schneidet. Beispiel Schinken: Probieren Sie einmal dick geschnittenen Holsteiner und dagegen dann Parma oder San Daniele hauchdünn. Das trennt Welten!

Oder schneiden Sie von einem Stück Sbrinz (Spezialität aus der Schweiz) eine dicke Scheibe ab und im Vergleich dazu den gleichen Käse fein gehobelt – Sie glauben einen völlig anderen Käse im Mund zu haben.

Die Liste lässt sich beliebig fortsetzen. Ob rohes Rinderfilet, rosa Champignons oder Schokolade: Dünn bringt Genuss auf die Zunge. Die Sache funktioniert auch bei Gemüse und Fisch, ich habe mir als Beispiel Kohlrabi und Lachs herausgesucht.

Das taufrische Lachsfilet lassen Sie sich von Ihrem Fischhändler am besten gleich in dünne Scheiben schneiden, wie sie beim Räucherlachs üblich sind. Sie sollten sich selbst nur an diese Arbeit wagen, wenn Sie über ein saumäßig scharfes Lachsmesser verfügen. Ersatzweise das Lachsfilet im Gefrierschrank anfrieren und mit dem Schinkenmesser des Allesschneiders schneiden.

Beim Kohlrabi ist das einfacher. Die geschälten Knollen einfach ein bis zwei Millimeter dünn mit dem Gemüsehobel oder mit der Mandoline aufschneiden. Aber bitte nur mit Restehalter! Gemüsehobel lieben nämlich Fingerkuppen, aber ein Blutbad in der Küche macht sich vor dem Essen nicht so gut. Die Kohlrabischeiben in kochendem Salzwasser ein bis zwei Minuten pochieren und in Eiswasser abschrecken. Mit Küchenkrepp trocken tupfen.

Meinen Backofen heize ich nun auf 200 Grad vor und richte auf einem ausgebutterten Backblech die vier oder acht Lasagne-Türmchen an. Jeweils vier bis fünf Kohlrabiblätter dachziegelartig wie eine Rosette auslegen. Eine entsprechend große Scheibe Lachs drauf, Salz und Pfeffer drüber, dann wieder Lachs – und so weiter. So verfahren, bis alle Zutaten verbraucht sind, oben sollte immer Lachs liegen. Jeweils ein kleines Butterflöckchen auf jede Lasagne und dann ab in den Ofen damit.

Nach drei Minuten ist die Prozedur schon beendet. Der Lachs ist noch wachsweich, der Kohlrabi hat noch leichten Biss. Die Türmchen auf vorgewärmten Tellern anrichten und mit einer Sauce übergießen, die Sie zuvor aus Fischfond und Sahne bereitet haben.

Beide Zutaten stark einkochen lassen, mit Salz, Pfeffer und Zitrone würzen, ein Stück eiskalte Butter untermixen. Ganz zum Schluss fein gehacktes Basilikum unterziehen und die Sauce nicht mehr kochen lassen.

Und weil zu Basilikum Tomaten so gut passen, gebe ich etwas Tomantenconcassée um die

Lasagne. Das ist schieres Fruchtfleisch, das ich wie üblich gewinne: Tomaten überbrühen, enthäuten, Blütenansatz herausschneiden, vierteln, entkernen, würfeln. So einfach und so wirkungsvoll.

Jetzt schauen Sie sich Ihre angerichtete Lasagne an. Macht die nicht ordentlich was her? Sie macht es und sie schmeckt dazu noch erstklassig. Kleiner Aufwand, große Wirkung. Sie müssen ja nicht unbedingt weitersagen, wie es geht.

Lachs sanft gebraten

mit Schmorgurken in Sauerrahm mit Tomaten und Basilikum

Zutaten (4 Personen):

800 g	Lachsfilet
750 g	Schmorgurken
250 g	Tomaten
0,1 l	Sauerrahm
1 EL	Butter
2	Schalotten
	Butter/Öl
	Basilikum
	Pfeffer, Salz

Bei kurz gebratenem Fleisch wird in den meisten Fällen richtig Gas gegeben. Feuer frei – und dann mit dem Steak oder dem Kotelett ab in die knallheiße Pfanne. Dem edlen Stück vom Rind, Lamm oder Kalb mag diese brutale Prozedur ganz gut bekommen, passen die Röstaromen doch sehr gut dazu.

Viele Hobbyköche, aber auch Profis neigen dazu, Fisch auf ähnlich heftige Art mit starker Hitze zu malträtieren. Was dem Meeresgetier überhaupt nicht bekommt. Zu starke und zu lange Hitze ruinieren selbst den rustikalsten Fisch, von den edleren Sorten ganz zu schweigen. Fischküche ist also nichts für Pyromanen oder Diplom-Feuerwerker am Herd.

Fisch erfordert sanfte Hitze und vor allem eine möglichst kurze Garzeit. Sanfte Hitze reicht aus, um Lachs, Seezunge & Co. zu garen, wenn Filet, Kotelett oder ganzer Fisch gar sind, muss Schluss sein mit der Braterei. Alles, was über den Punkt hinausgeht, trocknet aus, macht die Fasern klebrig im Mund.

Ich möchte heute mit Ihnen mit Lachsfilet die sanfte Art der Fischküche ausprobieren. Dazu gibt es als sommerliches Gemüse Schmorgurken mit Sauerrahm, Tomaten und Basilikum.

Zunächst mache ich mich an die Vorbereitungen für Fisch und Gemüse, wenn alle Zutaten griffbereit am Herd stehen, läuft die Zubereitung von Lach und Schmorgurken parallel.

Der Fisch ist selbstredend frischer als frisch. Die Portionsstücke von je rund 200 Gramm spüle ich ab, trockne sie mit Küchenkrepp ab und taste sehr sorgfältig nach Gräten. Gegen den Strich mit dem Zeigefinger dürfte kein Piekser durchrutschen.

Die Schmorgurken mit dem Sparschäler schälen, längs halbieren und die Kerne samt wässriger Flüssigkeit mit einem Teelöffel entfernen. Die Gurkenhälften noch einmal längs aufschneiden, die Viertel dann quer in mundgerechte Stücke zerlegen. Die Schalotten pellen und fein würfeln. Die vollreifen Tomaten überbrühen, abschrecken, abziehen. Vierteln, entkernen, das Fruchtfleisch würfeln. Für dieses Gericht können Sie jedoch auch Tomatenstückchen aus der Packung nehmen. Frisches, großblättriges Basilikum waschen, abtupfen, von den Stielen zupfen und nicht zu fein hacken.

Schon geht es los mit dem Gute-Laune-Programm am Herd. Die Schalottenwürfel in einem großen Topf oder einer Sauteuse in der Butter anschwitzen, ohne dass sie Farbe nehmen, die Schmorgurkenstücke zufügen. Das zischt und dampft für einen Moment, dann fängt das Gemüse an, sein Wasser in wahren Sturzbächen abzugeben. Im Nu schwimmen die Gurken in Brühe – und die soll verdampfen. Also darf an dieser Stelle ruhig aufs Gaspedal getreten werden. Rund fünf Minuten brodelt und dampft es nur so aus dem Topf.

Den Sauerrahm angießen, mit Pfeffer und Salz würzen, die Tomatenstücke zufügen – und dann ist das Gemüse auch schon fertig. Noch einmal abschmecken, unmittelbar vor dem Servieren das gehackte Basilikum zufügen.

Während die Gurken blubberten, haben Sie den Fisch gegart. Zunächst eine Mischung aus Butter und Öl mit etwa zwei Drittel der Höchstleistung erhitzen, die Fischfilets hineingeben. Je nach Dicke der Stücke drei bis vier Minuten garen, mit Salz und Pfeffer würzen, mit einer Palette umdrehen und dieselbe Prozedur auf Seite zwei. Besonders gut macht sich grobes körniges Salz, das man als solches beim Biss wahrnimmt. Im Idealfall ist der Lachs im Kern noch eine Spur glasig, jedoch nicht roh.

Und wenn Sie dann mal wieder richtig Lust auf ein Großfeuerwerk am Herd haben: Lassen Sie den Fisch beim Fischhändler, greifen Sie dann lieber zum Steak.

Rotbarsch gedämpft

auf einem Thymian-Bett oder sanft in Butter gebraten

Zutaten (4 Personen):

600 g Rotbarschfilet
500 g Strauchtomaten
1 großes Bund Thymian
Olivenöl
Zucker
Pfeffer, Salz

Rotbarschfilet und Tomaten sind die Hauptdarsteller in meinem heutigen Vergleichstest zweier sehr unterschiedlicher Zubereitungen. Nach den Champignons mit Pfeffer, Salz und Olivenöl sowie in einer dicken Sahnesauce können Sie nun wieder entscheiden, was Ihnen besser schmeckt. Einmal dämpfe ich den Fisch auf einem Thymian-Bett und gebe Tomatenconfit dazu, in der zweiten Fassung wird der Rotbarsch klassisch in Butter gebraten und von einer sahnigen Tomatensauce begleitet.

Die Noten sollten allerdings nicht vor dem Essen vergeben werden, denn beide Zubereitungen haben ihren Reiz. Eines steht allerdings schon vor Beginn des geschmacklichen Wettstreits fest: Version 1 ist deutlich leichter, moderner und schneller zubereitet. Los geht's mit der Leichtversion.

Die Tomaten werden überbrüht, gehäutet, entkernt und in Würfel geschnitten. Stammleser und -leserinnen haben diese Prozedur schon viele Male gelesen, es handelt sich um Tomatenconcassée, auf Deutsch: schieres, gewürfeltes Tomatenfleisch.

Die Fischfiletstücke haben Sie noch einmal auf Gräten untersucht und abgespült. Das Abtrocknen können Sie sich in diesem Fall sparen, denn ein bisschen Wasser ist zum Dämpfen nicht schlecht. So, nun geht alles ganz fix. In einer Pfanne die Thymianzweige in Olivenöl leicht anbraten, den Fisch darauf betten, Deckel drauf.

In einer zweiten Pfanne oder in einem Topf Olivenöl erhitzen und die Tomatenwürfel hineingeben. Das zischt einmal kräftig, dann zieht das Gemüse sofort Wasser und der Garprozess geht von Braten in Kochen über. Umrühren nicht vergessen!

Nach gut zwei Minuten die Fischfilets wenden, die Pfanne wieder mit dem Deckel schließen. Der wenige Dampf reicht völlig aus, den Fisch sanft zu garen. Inzwischen schmecken Sie die Tomatenwürfel mit Salz, Pfeffer und einer Prise Zucker ab, dann ist nach weiteren zwei Minuten Garzeit der Fisch fertig zum Verzehr. Salzen, pfeffern und auf vorgewärmten Tellern anrichten. Mit den Tomatenwürfeln übergießen. Ein wundervolles Gericht, das Sie auch nach der Tomatenzeit genießen können, dann verwenden Sie Tomatenstücke aus der Packung.

Ring frei, Runde zwei, nun wird mit den Kalorien nur so geaast. Die Zutatenliste liest sich entsprechend »dicker«. Wir beginnen mit der Tomatensauce, da ihre Zubereitung länger als die Fischbraterei dauert. Die Tomaten »mit Haut und Haaren« grob würfeln. Die Schalotten pellen und ebenfalls in Würfel schneiden. Auf filigrane Arbeit kommt es nicht an, da die Zutaten nachher ohnehin durch ein Sieb gegeben werden.

Die Schalottenwürfel in Butter anschwitzen, die Tomatenwürfel zufügen. Die Sahne angießen und das Gemüse zehn bis fünfzehn Minuten köcheln lassen. Obacht mit weißen Hemden oder Blusen: Tomatensaucen spritzen fürchterlich und hinterlassen Flecken bis in die hintersten Winkel der Küche. Den Ansatz durch ein Sieb geben, Tomaten- und Schalotten dabei gut ausdrücken. Nun kommt die Stunde des Pürierstabs. Mit seiner Hilfe werden eiskalte Butterstücke unter die Sauce geschlagen, die dadurch wunderbar sämig wird. Abschmecken nicht vergessen! Salz, Pfeffer, auch hier eine Spur Zucker und dann ziehe ich fein geschnittene Streifen Basilikum unter die Sauce.

Der Fisch wird wiederum nach verbliebenen Gräten abgetastet, abgespült und mit Haushaltskrepp abgetupft. Mehl in einen tiefen Teller geben, die Fischfilets von beiden Seiten durchziehen, überschüssiges Mehl abklopfen. Den Rotbarsch – oder Filets von anderen weißen, festfleischigen Fischen – in reichlich Butter sanft braten. Salzen, pfeffern, Thema erledigt.

Als Gemüse könnten gebratene Zucchinischeiben den Fisch mit der Tomatensauce begleiten, als Kaltgetränk bietet sich ein Weißburgunder an. Und bei der sahnigen Version darf es hinterher auch noch ein Verdauungsschnäpschen sein. Und nun die Noten – da sind Sie dran.

2. Runde (4 Personen):

600 g	Rotbarschfilet
500 g	Strauchtomaten
0,2 l	Sahne
2	Schalotten
	Mehl
	Butter
	Basilikum
	Pfeffer, Salz

Rotbarschfilets sanft gebraten

in einer milden Senfsauce

Zutaten (4 Personen):

600 g	Rotbarschfilet
50 g	Butter
0,2 l	Weißwein
	Mehl
	Butaris
	Pfeffer, Salz

Für die Senfsauce:

2	Schalotten
1 EL	Pommery-Senf
1 EL	geschlagene Sahne

Für die Beilage:

1 kg	Spinat
20 g	Butter
2	Schalotten
1	Knoblauchzehe
	Muskat
	Pfeffer, Salz

Eigentlich sollte es an dieser Stelle heute einen leckeren Rinderbraten geben, angesichts der aktuellen BSE-Situation mag ich Ihnen allerdings kein Rindfleisch zumuten. Wobei die Frage weiterhin offen bleibt, welche Fleischsorten denn nun wirklich sicher im Sinne eines gesunden Lebensmittels sind.

Doch diese Kolumne ist kein Diskussionsforum, sondern ein Treffpunkt für Menschen, die gern kochen oder zumindest gern essen. Vielleicht haben Sie ja Lust für heute, Fleisch Fleisch sein zu lassen und mal wieder Fisch auf den Tisch zu bringen. Der ist leicht, schmackhaft und in vielen Kombinationen zu genießen. Mein Rinderbraten heißt heute Rotbarsch, dazu gibt es Spinat, Senfsauce und Salzkartoffeln.

Beim Thema Fisch gibt es nur eine Grundvoraussetzung, damit ein solches Essen Freude macht: Frische, Frische und noch einmal Frische. Da kann ich nur gebetsmühlenartig wiederholen, dass Sie sich Ihren Fischhändler so sorgfältig wie nur möglich aussuchen sollten. Und wenn Sie einen gefunden haben, dann bleiben Sie ihm treu – auch wenn es irgendwo einmal das Pfund Lachs 50 Pfennig billiger geben sollte.

Genug fabuliert, ran an den Freund! Lassen Sie sich vom Fischhändler möglichst dicke Rotbarschfilets heraussuchen, die bleiben einfach saftiger. Den Fisch abspülen, abtupfen, in Mehl wenden, abklopfen, in Butaris bei nicht zu großer Hitze braten. Salz, Pfeffer, fertig. Die meiste Arbeit beim Spinat macht die Putzerei und Wascherei. Die groben Stiele rigoros abschneiden, die Blätter immer und immer wieder waschen. Wenn die Arbeit sorgfältig erledigt ist, das Gemüse kräftig ausdrücken.

In einem großen Topf die Butter zerlassen, darin Schalottenwürfel und eine gepellte Knoblauchzehe sanft anschwitzen. Den noch etwas feuchten Spinat zufügen, Deckel drauf. Die wenige Flüssigkeit reicht völlig aus. Das Gemüse nicht zu zaghaft salzen, zurückhaltend pfeffern und mit einer Spur Muskat vollenden. Die grüne Pracht soll nur zusammenfallen und nicht zu Matsch verkochen. Vor dem Servieren die Knoblauchzehe herausfischen.

Bleibt noch die Sauce. Dafür zwei fein gewürfelte Schalotten mit dem trockenen Wein aufgießen und ganz langsam reduzieren, bis nur noch ein, zwei Esslöffel Flüssigkeit übrig sind. Die Reduktion durch ein Sieb geben und mit eiskalten Butterstücken aufschlagen. Ein Esslöffel körniger Senf bringt Würze ins Spiel, die geschlagene Sahne eine gewisse Eleganz und scheinbare Leichtigkeit. Apropos Senf: Wer es gern scharf mag, ersetzt den milden Pommery-Senf durch den scharfen Löwensenf. Den letzten Feinschliff gibt es mit Salz, Pfeffer und Zitrone.

Den Roten zum Rinderbraten können Sie verkorkt lassen, zum Rotbarsch gibt es Weißwein. Der könnte ein Sauvignon blanc aus Bordeaux oder von der Loire sein, wer etwas für die deutschen Winzer tun will, probiert mal einen Gutedel aus Baden. Wohl bekomm's!

Sanft gegartes Lachsfilet

mit jungem Spinat, Knoblauch, Parmesan und Pinienkernen

Eines der schönsten Frühlingsgemüse ist für mich der junge Spinat, der die warme Jahreszeit auf dem Teller vortrefflich einläutet. Befreit sind die Tische von Kohl und Schnaps, lasst endlich die Sonne scheinen.

Ich mache das mit Spinat und Fisch. Und damit das alles nicht in viel Arbeit ausartet, werden die beiden Hauptzutaten in einer feuerfesten Form vereint, im Backofen fertig gestellt und dann auf den Tisch gebracht. Als Fisch habe ich Lachsfilet ausgesucht, zu Spinat schmeckt auch das Filet vom Schellfisch gut, denkbar sind auch solch feine Sorten wie Seeteufel oder Goldbarsch.

Das Kilo Spinat macht in der Tüte zunächst einmal einen Furcht erregenden Eindruck. Wer soll denn das bloß alles essen? Bleiben Sie ganz entspannt, das Grünzeug wird im Topf noch die Schwindsucht bekommen. Doch so weit ist es noch nicht, zunächst muss der Spinat gründlich vorbereitet werden. Das gilt vor allem für das Waschen. Wasser marsch, und das mindestens zwei- bis dreimal gewechselt. Sand mag am Badestrand ja ganz reizvoll sein, zwischen den Zähnen stört er eher. Die Blätter von den Wurzelansätzen knipsen – und dann können Sie Ihren größten Topf hervorholen.

Die beiden Schalotten und die Knoblauchzehe pellen und in Olivenöl in dem großen Topf sanft anschwitzen. Den Berg Spinat ganz leicht abgetropft zu den Würfeln geben. Deckel drauf und zwei Minuten warten. Die Feuchtigkeit des Gemüses reicht zum Garen völlig aus. Und siehe da: Der Berg ist zum Hügel geschrumpft.

Mit Pfeffer und Salz würzen, umrühren, Deckel wieder drauf. Weitere zwei Minuten kochen und dann war's das auch schon. Noch einmal abschmecken und mit frisch geriebener Muskatnuss den letzten Schliff geben. Der Spinat wird nun in eine feuerfeste Form gegeben und mit dem frisch geriebenen Parmesan vermengt. Die leicht angerösteten Pinienkerne auf dem herrlich grünen Gemüse verteilen und schließlich die abgespülten und auf Gräten kontrollierten Fischfilets in dieses Frühlingsbett legen.

Die letzten Amtshandlungen, bevor die Form in den auf 180 Grad vorgeheizten Ofen geschoben wird: Fisch mit Pfeffer und grobem Meersalz würzen und mit Olivenöl beträufeln. Klappe auf, Feuerfeste rein, Klappe zu – in etwa zehn Minuten kann gegessen werden. Wenn ich »etwa« schreibe, so hat das seinen Grund, denn schließlich kann ich nicht wissen, wie dick oder dünn Ihre Fischfilets sind und wie lange sie garen müssen. Wer auf Nummer sicher gehen will, schneidet solch ein Filet nach sieben, acht Minuten einfach durch und kann erkennen, was Sache ist. Wachsweich, aber nicht mehr glasig ist meiner Meinung nach für Lachs der ideale Garzustand, zu lange und zu starke Hitze machen ihn trocken und faserig. Aber Sie werden das schon nach der Façon Ihrer Schleckermäuler hinkriegen.

Form auf den Tisch, die getrennt gegarten Salzkartoffeln, vorgewärmte Teller – und dann kann der Frühling kommen. Ganz ohne Blubb von Käpt'n Iglo und trotzdem – oder gerade deshalb – herrlich lecker.

Zutaten (4 Personen):

750 g	Lachsfilet
1 kg	Blattspinat
20 g	Parmesan
2 EL	Pinienkerne
2	Schalotten
1	Knoblauchzehe
	Kartoffeln
	Olivenöl
	Muskat
	Pfeffer, Salz

Seelachsfilets

mit Gemüsestreifen und Basmatireis

Zutaten (4 Personen):

800 g	Seelachsfilet
2	Schalotten
1	Knoblauchzehe
4	Karotten
2	Stangen Lauch
2	Stangen Staudensellerie
	Basmatireis
	gekörnte Gemüsebrühe
	Traubenkernöl
	Butter
	Wasser
	Zitrone
	Curry
	Pfeffer, Salz

Sicher gibt es auch bei Ihnen Tage, an denen das Essen in Windeseile auf dem Tisch stehen muss. Sei es, dass außer der Kocherei einfach zu viel zu tun ist, sei es, dass die Zeit vor einem Theater- oder Kinobesuch arg knapp ist. Doch es müssen nun wahrlich nicht Pizza, Döner oder Hamburger sein. Ich habe für Sie ein Fischgericht vorbereitet, das in wenigen Minuten auf dem Tisch steht und zudem alle Ansprüche an ein kulinarisch niveauvolles Essen erfüllt. Fisch, Gemüse und Reis – dagegen ist doch wohl nichts einzuwenden.

Es gibt Seelachs mit Gemüsestreifen und Basmatireis. Der Einkaufszettel ist so kurz wie die Zubereitungszeit.

Das ist alles sehr überschaubar, beim Fisch ist heute sogar der Griff in die Tiefkühltruhe erlaubt. Die portionierten Filets von Käpt'n Iglo und seinen Kollegen sollten allerdings sehr schonend im Kühlschrank aufgetaut werden. Ganz besonders besorgte Hausfrauen und Hobbyköche tasten die Filets vor der Weiterverarbeitung noch einmal auf verbliebene Gräten ab. Meistens wird man dabei jedoch nicht fündig.

Für die Gemüsebeilage pelle ich die Schalotten und den Knoblauch und schnipple beides in kleine Würfel. Die Karotten, den Lauch und den Staudensellerie zerlege ich nach dem Putzen in feine Streifen von der Dicke und Länge eines Streichholzes. In Fachkreisen werden diese Winzlinge Julienne genannt, manche Gemüseschneider haben einen entsprechenden Aufsatz, spezielle Hobel für die Gastronomie (Mandoline) erledigen diese Arbeit quasi im Handumdrehen. Wenn es Ihnen schneller von der Hand geht, können Sie die Gemüse auch fein würfeln, aber die Streifen machen sich einfach besser.

In einer großen Pfanne lasse ich die Schalotten- und Knoblauchwürfel in einer Mischung aus Traubenkernöl und Butter sacht anziehen. Sie wissen doch: Das Gemisch ist deutlich hitzebeständiger als Butter solo. Die Gemüsestreifen zufügen und ein, zwei Minuten anschwitzen. Mit gekörnter Gemüsebrühe bestreuen und etwas Wasser zufügen. Aufkochen lassen, mit Pfeffer und sehr wenig Salz sowie ein paar Tropfen Zitronensaft würzen. Wenig Salz, weil in der Gemüsebrühe meist schon eine gewisse Menge davon enthalten ist.

Deckel drauf und die Julienne fünf bis zehn Minuten köcheln lassen. Die Zeit richtet sich danach, wie fein Ihnen Ihre Gemüsestreichhölzer gelungen sind. Es gilt die Formel: Je dicker, desto länger. Ein beherzter Griff zur Gabel gibt Klarheit. Das Gemüse sollte ruhig noch etwas Biss haben, wenn Sie die in grobe Würfel geschnittenen Fischfilets darauf le-

gen. Der Deckel kommt wieder drauf und die Hitze wird erhöht. Der sich bildende Dampf gart den Seelachs besonders schonend.

Nach wenigen Minuten kann gegessen werden. Jetzt gilt es noch, den Fisch zu würzen und den in der Zwischenzeit gegarten Basmatireis aufzutragen. Wer eine etwas exotische Note ins Spiel bringen will, bestäubt den Reis zunächst mit einem guten Curry, bevor Gemüsestreifen und Fisch darauf angerichtet werden. Ein paar gehackte Blätter Koriandergrün geben den besonderen Kick. Eher traditionell ausgerichtete Esser lassen den Curry und das Koriandergrün weg, bestreuen den Fisch mit gehackter, glatter Petersilie.

Und weil es so schnell ging, ist bestimmt auch noch Zeit dafür, eine Flasche trockenen Weißwein zu öffnen.

Thunfisch in Sesamsaat

paniert mit rosa Champignons und Frühlingszwiebeln

Zutaten (4 Personen):

- 500 g rosa Champignons
- 4 Thunfischsteaks
- 0,1 l Hühnerbrühe
- 2 Bund Frühlingszwiebeln
- 2 Schalotten
- 1 Knoblauchzehe
- 2 Eier
- Mehl
- Sesamsaat
- Öl
- Zitronensaft
- Sojasauce
- Pfeffer, Salz

Zu den beliebtesten Speisen auf den Speisekarten von Gasthöfen mit deutscher Küche zählt das Wiener Schnitzel. Mal ein echtes aus Kalbfleisch, mal eines Wiener Art mit Schweinefleisch als Hauptdarsteller. Beiden gleich ist die Zubereitung: Das Fleisch in Mehl, dann in Ei, schließlich in Semmelbröseln wenden. So ummantelt wird das Fleisch in einer Mischung aus Öl und Butter sanft gebraten und bekommt dabei eine knusprige Panade. Wer das Schnitzel in die Friteuse wirft, bekommt die tiefrote Karte.

Mein Wiener Schnitzel ist heute ein Fisch, genauer gesagt sind es Thunfischsteaks. Die werden auch in Mehl und Ei gewendet, statt Brot verwende ich als Außenschicht in diesem Fall Sesamsaat. Das sind diese kleinen Körnchen, die Sie bestimmt von den gleichnamigen Brötchen her kennen.

Als Beilage bereite ich rosa Champignons und Frühlingszwiebeln zu, die mit Sojasauce abgeschmeckt werden und gut zum Sesam passen.

Der Thunfisch hat für ängstliche Naturen einen großen Vorteil: Gräten gibt es nicht. Das dunkelrote Fleisch gart recht schnell, das wiederum ist sein Nachteil. Denn Thunfisch schmeckt für mein Gefühl nur mit einem fast rohen Kern. Durchgebraten ist dieser Fisch nur noch halb so gut. Dann kann man ihn kaum von Fleisch unterscheiden.

150 g pro Thunfischsteak sollten Sie rechnen. Die Steaks spüle ich ab und trockne sie mit Küchenkrepp. Zunächst in Mehl wenden und etwas abschütteln. Dann durch verschlagene Eier ziehen, die zuvor mit Salz und Pfeffer gewürzt wurden. Schließlich Sesamsaat in einen tiefen Teller geben und die präparierten Thunfischsteaks darin wälzen.

Das Gemüse bereite ich folgendermaßen zu: Die Champignons putzen und vierteln. Die Frühlingszwiebeln in Ringe schneiden. Schalotten und Knoblauch pellen und fein würfeln.

Nun bereiten Sie Fisch und Gemüse gleichzeitig zu. Knoblauch- und Schalottenwürfel in neutralem Öl anziehen lassen. Die Champignons und die Frühlingszwiebeln zugeben. Bei Bedarf etwas Öl nachgeben. Schließlich die Brühe angießen, kräftig kochen lassen.

In einer beschichteten Pfanne braten Sie derweil in wenig Öl bei mittlerer Hitze die Thunfischsteaks. Je nach Dicke dürften zwei bis vier Minuten pro Seite ausreichen. Wenn Sie sich vom Gargrad überzeugen wollen, dann schneiden Sie doch einfach ein Steak durch, dann sehen Sie die Bescherung: Entweder noch zu roh (eher unwahrscheinlich) oder aber schon durchgebraten.

Das Gemüse mit Sojasauce würzen, erst anschließend mit Salz, Pfeffer und Zitrone abschmecken, da die Sojasauce auch viel Salz enthält. Doppelt hält bei Salz nicht unbedingt besser.

Die Thunfischsteaks auf vorgewärmten Tellern zusammen mit dem Gemüse anrichten. Als weitere Beilage passt Basmatireis sehr gut dazu.

Fleisch

Ausgehöhlte Zucchini

mit gebratenem Hackfleisch und Joghurtsauce

Zutaten (4 Personen):

500 g	Rinderhack
500 g	Tomatenstücke (Packung)
300 g	Joghurt
100 g	Parmesan
2	große oder vier normale Zucchini
4	Zwiebeln
2	Knoblauchzehen
2	Eigelb
	Traubenkernöl
	Rosmarin, Thymian
	Salbei
	Pfeffer, Salz

Auch wenn der Sommer nun wirklich nicht doll war, reichten die Temperaturen immerhin aus, in nur drei Urlaubswochen aus einem vormals gepflegten Garten eine grüne Hölle zu machen. Nicht nur Blumen, Büsche, Rasen und vor allem das Unkraut entwickelten sich prächtig, auch das Gemüse legte mächtig zu. Wo vor der Abfahrt zarte Zucchiniblüten sprossen, lagen bei der Rückkehr ausgewachsene Prachtexemplare dieses Gurkengemüses. Eigentlich schon viel zu groß mit rund 30 Zentimeter Länge, aber auch daraus lässt sich etwas Leckeres kochen: ausgehöhlte Zucchini mit Hackfleischfüllung auf Tomatenbett überbacken mit Joghurtsauce.

Dieses Rezept können Sie natürlich auch mit Zucchini in Normalgröße zubereiten, gerade die Elefantenbabys sind jedoch zum Füllen besonders gut geeignet. Für die Zubereitung benötigen Sie eine große feuerfeste Form, einen Bräter, oder Sie nehmen einfach ein Backblech. Zunächst schnappe ich mir die dicken Jungs aus dem Garten, wasche sie, schneide sie längs einmal durch und höhle mit einem Esslöffel die Früchte großzügig aus. Bei kleineren Exemplaren reicht ein Teelöffel. Alle Kerne fliegen in den Kompostbehälter.

Als Nächstes bereite ich die Füllung zu. Dafür Zwiebeln sowie Knoblauchzehen pellen und fein würfeln. In Traubenkernöl lasse ich die kleinen Stückchen glasig werden. Nun das Hackfleisch in die Pfanne bröseln und nicht zu zaghaft anbraten. Das langsam krümelig werdende Gehackte mit Salz, Pfeffer und einer reichlichen Portion möglichst frischer Kräuter abschmecken. Falls Sie keine frischen Kräuter haben, nehmen Sie am besten eine italienische Kräutermischung.

Für die Zucchinihälften richte ich in der Form oder auf dem Backblech zunächst ein gemütliches Bett aus den Tomatenwürfeln ein. Das hat den Vorteil, dass das Gemüse erstens besser gart und zweitens auch geschmacklich hervorragend ergänzt wird. In dieses Bett gebe ich die ausgehöhlten Früchte, salze und pfeffre leicht und fülle das Hackfleisch ein. Den Backofen heize ich auf 200 Grad vor.

Bleibt noch die Sauce. Dafür vermische ich den Joghurt mit den beiden Eigelben und schmecke mit Salz und Pfeffer sowie einem Spritzer Zitronensaft ab. Über das Hackfleisch gießen und mit einem Löffelrücken gleichmäßig verteilen. Gekrönt wird die ganze Sache von frisch geriebenem Parmesan.

Ab in den Ofen mit den gefüllten Zucchini, in etwa einer halben Stunde kann gegessen werden. Kurz vor Ablauf der Zeit werfe ich schon mal einen Blick ins Bratrohr, ob meine dicken Jungs denn auch schon die nötige Sommerbräune haben. Wenn nicht, bekommen sie noch eine Extraportion mit dem Grill auf den Kopf, aber bitte den Käse nicht verbrennen lassen. Après Soleil-Lotion wie nach einem zu intensiven Sonnenbad ist in der Küche bisher noch unbekannt.

Die gefüllten, überbackenen Zucchini auf vorgewärmten Tellern anrichten, mit den Tomatenstückchen umrahmen.

Beinscheiben vom Kalb oder Rind

langsam im Ofen geschmort mit Gemüse und Tomaten

Zutaten (4 Personen):

0,2 l	Wasser
0,2 l	Rotwein
4	Beinscheiben Rind oder Kalb
2	Zwiebeln
1	Suppengrün
1	Packung Tomatenstücke
	Olivenöl
	Thymian
	Rosmarin
	Salbei
	Pfeffer, Salz

Schmorgerichte – das hat für viele Köchinnen und Köche den Beigeschmack von stundenlanger Arbeit am Herd. Das ist mitnichten so, wie ich Ihnen hier und jetzt am Beispiel geschmorter Beinscheiben beweisen werde. Die Zubereitung dauert zwar etwa zwei bis zweieinhalb Stunden, Ihre Arbeit am Herd ist aber nur kurze Zeit gefordert. Da kann man nebenbei noch so manches Hemd bügeln oder den Garten umgraben.

Achten Sie beim Einkauf des Fleisches bitte darauf, dass Ihnen der Schlachter Beinscheiben mit hohem Fleischanteil einpackt. Knochen mit etwas Fleisch dran sind eher etwas für den Hund. Ob Rind oder Kalb, überlasse ich Ihrem Geschmack und Geldbeutel.

Die Beinscheiben abspülen und abtupfen, darauf achten, dass keine Knochensplitter mehr am Fleisch haften. Mit Salz und Pfeffer würzen. Den Backofen inklusive eines großen Bräters oder besser noch eines hochwandigen Backblechs auf 220 Grad vorheizen. Olivenöl hineingeben und das Fleisch flach nebeneinander hineinlegen. Nach einer Viertelstunde wenden.

In der Zwischenzeit die Zwiebeln pellen und würfeln, das geputzte Suppengrün ebenfalls zerkleinern. Das Gemüse zum angebratenen Fleisch geben. Nach 15 Minuten den Wein und das Wasser angießen, die Hitze auf 175 Grad reduzieren. Nun verteilen Sie noch die Tomatenstücke aus der Packung über den Topfinhalt und fügen die frischen Kräuter zu.

Am besten packen Sie diese in ein Leinensäckchen oder ein großes Tee-Ei, dann müssen Sie sich am Ende nicht damit abquälen, die Kräuter wieder aus dem Essen zu fischen. Jetzt fallen nur noch Kontrollarbeiten an. Das Fleisch alle zwanzig Minuten wenden, darauf achten, dass genug Flüssigkeit im Bräter vorhanden ist. Notfalls etwas Wasser angießen. Nach einer Gesamtgarzeit von zwei bis zweieinhalb Stunden ist das Fleisch mürbe. Ob es zart ist, hängt wesentlich davon ab, welche Qualität Ihr Schlachter Ihnen in die Tüte gepackt hat.

Wie Sie die Beinscheiben servieren wollen, hängt von Ihren Mitessern ab. Gruseln die sich vor Sehnen und Häuten? Dann sollten Sie vor dem Servieren das Fleisch zunächst etwas abkühlen lassen, die schieren Stücke auslösen und diese dann zusammen mit der Sauce wieder erhitzen.

Nicht so empfindliche Gemüter schnippeln gern selbst an einer Beinscheibe herum und finden vielleicht sogar wieder Gefallen am Knochenmark. Vor dem Servieren muss die Sauce mit den Gemüsewürfeln aber in jedem Fall noch einmal sorgfältig abgeschmeckt werden, eine pikante Schärfe steht dem Schmorgericht ganz gut.

Als Beilage passen in jedem Fall Bandnudeln, Reis ist auch möglich, meine Favoriten sind jedoch Pellkartoffeln, die in Olivenöl gebraten und mit Rosmarin gewürzt werden.

Als Getränk bietet sich angesichts des eher etwas rustikalen Gerichts ein ebensolcher Wein an, ein Côtes du Rhône könnte ein ordentlicher Begleiter sein.

Gebratener Hasenrücken

mit Rosenkohl als Alternative zu Gans oder Puter

Zutaten (4 Personen):

- 2 Hasenrücken
- 1 Stück Sellerie
- 1 Zwiebel
- 1 Stange Lauch
- kleine Karotten
- Wacholderbeeren
- Öl
- schwarzer Pfeffer
- Salz

Zu Weihnachten kommt in den meisten Familien Geflügel auf den Tisch. Je nach der Zahl der Mitesser sind es Enten, Gänse oder Puter, die am ersten Feiertag spätestens um 13 Uhr auf dem Tisch stehen. Und weil ein solcher Vogel relativ selten auf dem familiären Speiseplan steht, mühen sich Hausfrau oder Hausherr nach Kräften, dem Vieh mit Geflügelschere und/oder dem größten verfügbaren Küchenmesser zu Leibe zu rücken. Mit teilweise verheerenden Folgen für die Optik des Bratens.

Wer sich in der Anatomie von Federvieh nicht so recht auskennt oder einmal etwas anderes als Festtagsbraten servieren will, dem lege ich Wild ans Herz. Das passt gut in die kalte Jahreszeit und macht auf der großen Tafel ebenso viel her wie die prall gefüllte Gans.

Für kleinere Runden heißt mein Favorit Meister Lampe. Und zwar nicht in voller Länge und Größe, sondern nur das edelste Teil – sein Rücken. Zwei Esser teilen sich einen solchen, für vier Personen müssen sie folglich zwei Rücken einkaufen.

Eine Rute gibt es für alle, die nach den gefrorenen Klötzen mit Speckstreifen greifen wollen. Denn man kann dem zarten Fleisch kaum etwas Schlimmeres antun, als es durch die Piekserei zu verletzen. Wenn schon Speck, dann bitte mit dünnen Scheiben umwickeln.

Es gilt also frische, ungespickte Hasenrücken zu kaufen. Die gibt es im Wildfachhandel; Adressen und Telefonnummern finden Sie in den Gelben Seiten.

Die Rücken müssen sorgfältig gehäutet sein. Alles, was an einen appetitlichen Braten nicht gehört, wird abgeschnitten. Und bitten Sie Ihren Händler um zwei, drei Pfund Wildknochen als Basis für einen Wildfond. Einige von Ihnen mögen sich an die Anleitung für Fonds vor einigen Wochen erinnern, damit die Weihnachtsstube nicht verräuchert wird, koche ich die Saucengrundlage auf dem Balkon. Wer es am Festtag besonders bequem haben will, nimmt fertigen Fond vom Wildhändler, von »Hubertus« in der Wachmannstraße weiß ich, dass dort Fonds im Vorrat sind. Sonst tut es auch ein Glas Wildfond von Lacroix.

Den oder die sauber präparierten Rücken schneide ich beiderseits des Rückgrats etwa einen Zentimeter tief ein. Das bringt zwei Vorteile: Erstens lässt sich in diesen Taschen bestens Gewürz verstauen, zweitens gart das Fleisch gleichmäßiger.

Für die Würzung zerstoße ich in einem Mörser Wacholderbeeren und schwarzen Pfeffer, vermische sie mit Salz und neutralem Öl und pinsele den Rücken damit ein – die Taschen nicht vergessen. Die so vorbereiteten Rücken von beiden Seiten anbraten und in ein feuerfestes Geschirr legen.

Damit die Sauce schön kräftig wird, bereite ich Röstgemüse vor. Dafür schneide ich zwei kleine Karotten, ein Stück Sellerie, eine Zwiebel und eine Stange Lauch in sehr kleine Würfel und brate sie in dem Fett an, in dem auch die Rücken schon lagen. Die Rücken mit dem Röstgemüse umlegen und den kochend heißen Fond angießen. Die Bratform nun in den auf 180 Grad vorgeheizten Backofen schieben.

So brät das Fleisch an der Oberseite, von unten kommt die Hitze aus der Brühe. Allerdings klappt das nur, wenn die Rücken nicht bis zur Oberkante in Wildfond schwimmen.

Nach 20 bis 25 Minuten dürften die Rücken gar sein. Ich fische sie aus dem Sud und gebe Letzteren durch ein feines Sieb in eine Pfanne oder Sauteuse. Während die Sauce auf dem Herd volles Rohr einkocht, löse ich die Rücken«filets« vom Knochen und stelle sie warm. Die echten Filets von der Knochenunterseite schmecken dem Koch oder der Köchin ganz vorzüglich zu einem Glas Rotwein während der Arbeit.

Als Beilage gibt es Rosenkohl, der recht weich gekocht wird. Die abgedämpften Minikohlköpfchen werden mit einer Gabel etwas angedrückt und mit einem Schuss Sahne vermischt. Salz, Pfeffer und Muskat nicht vergessen.

Die Hasenrückenfilets schräg aufschneiden und auf vorgewärmten Tellern anrichten. Mit der abgeschmeckten Sauce umgießen und dazu den Rosenkohl servieren. Als so genannte Sättigungsbeilage – braucht man so etwas in den Weihnachtstagen? – schlage ich Serviettenknödel vor. Und weil die Gelegenheit günstig ist, greife ich an die Stelle in meinem Weinregal, an der sich die besten Bordeaux befinden.

Geschmorte Lammhaxen

mit Kurkuma und der Schärfe von Chilischoten

Zutaten (4 Personen):

0,3 l Rotwein
4 Lammhaxen
2 Zwiebeln
1 Karotte
4 Knoblauchzehen
2 Chilischoten
Olivenöl
Curry
Kurkuma
Pfeffer, Salz

Lammfleisch zählt in meiner Küche zu den Favoriten. Das hat ganz gravierende Gründe: Dieses aromatische, magere Fleisch wird in den seltensten Fällen in Massentierhaltung produziert. Wohl dem, der eine besonders gute und sichere Quelle für den Bezug von Lamm hat.

Auch mehr als fünfzig Jahre nach Kriegsende hält sich in weiten Bevölkerungskreisen hartnäckig die Meinung, Lammfleisch schmecke nach Hammel. Doch weit gefehlt! Die Zeiten sind vorbei, in denen die Tiere so alt wurden, dass sie penetrant müffelten und auch schmeckten. Heute werden die Lämmer geschlachtet, bevor sie ein Jahr alt sind, da haben sie zum Hammeln keine Chance.

Dafür spielen in meiner Küche heute ganz andere Düfte die dominierende Rolle: Knoblauch und Kurkuma. Mit diesen Gewürzen werden Lammhaxen aromatisiert, für die Schärfe sorgen rote Chilischoten. Als Beilage gibt es grüne Bohnen und Reis. Die Lammstelzen brate ich in Olivenöl ringsherum goldbraun an. Dabei würze ich mit Salz und Pfeffer und streue einen gestrichenen Eßlöffel Kurkuma über das Fleisch. Sind die Haxen so weit präpariert, expediere ich sie in einen Schmortopf, gieße das Bratfett aus der Pfanne weg.

In frischem Olivenöl schwitze ich nun die klein geschnippelten Zwiebeln, Knoblauchzehen und die Karotte an. Zu den Haxen geben. Den Ansatz in der Pfanne mit dem Rotwein ablöschen. Die Bratrückstände sorgfältig losschaben, die Flüssigkeit über die Haxen geben. Als kleine Scharfmacher werfe ich zwei rote Chilischoten mit in den Topf. Wem diese Menge zu explosiv ist, schabt die Kerne aus den Schoten und verwendet nur die »Hüllen«. Aufgepaßt, liebe Köchinnen und Köche! Nicht mit den Fingern in die Augen fassen, mit denen Sie zuvor die Schoten berührt haben. Auch nach intensivem Waschen ist immer noch Restschärfe vorhanden.

Nun den Deckel drauf und auf dem Herd bei sanfter Hitze etwa anderthalb Stunden mehr blubbern als kochen lassen. Dann fische ich die Haxen aus der Brühe, deren Fleisch sich inzwischen weit von den Knochen zurückgezogen hat. Ich lasse sie etwas abkühlen.

In der Zwischenzeit gebe ich die Brühe durch ein Sieb und schöpfe so gut es geht das Fett von der Oberfläche ab. Nun wird abgeschmeckt. Zum Beispiel mit Pfeffer und Salz, mit Curry, mit weiterem Kurkuma. Auch hier wieder eine Warnung: Das Zeug färbt gelb wie der Teufel. Und wenn Sie nicht aufpassen, ist nicht nur der Strom gelb, sondern auch die weiße Bluse.

Während die Sauce noch ein wenig einkocht, löse ich das Fleisch von den inzwischen etwas abgekühlten Haxen und verwende nur die schieren Stücke. Sehnen, Häute und andere Anhängsel fliegen dorthin, wo sie hingehören: in den Müll.

Die mundgerechten Fleischstücke in die Sauce zurückgeben und ein letztes Mal abschmecken. Und wer dann beim Genuß immer noch von Hammelfleisch spricht, der bekommt nicht nur gelben Strom und eine gelbe Bluse, sondern auch die gelbe Karte.

Großer Schweinebraten

mit knuspriger Kruste und sahnigem Sauerkraut

Arme Vegetarier! Sie müssen jetzt ganz tapfer sein, denn ich mute Ihnen heute eine ziemliche Sauerei zu. Fleisch gibt es, und das auch noch in einer gewaltigen Portion. Doch bevor Sie sich mit Grausen abwenden: Begleitet wird der Schweinebraten mit knuspriger Kruste von einem feinen Sauerkraut, das verachten Sie bestimmt nicht.

Für vier »fleischfressende Pflanzen« hat ein Braten von etwa einem Kilo Gewicht gerade so die richtige Größe, Sie können jedoch auch gleich ein größeres Stück in den Backofen schieben. Das bleibt noch saftiger als ein kleineres, was übrig ist, lässt sich prima einfrieren. Fleisch ist in der Vergangenheit nicht ohne Grund in Verruf geraten, deshalb sollten Sie beim Einkauf mehr auf die Qualität als auf den Preis achten. Der Kauf beim Öko-Schlachter oder bei einem Metzger, der Herkunftszertifikate vorweisen kann, schützt weitgehend davor, einen Medikamentenschrank mit Ringelschwänzchen in der Pfanne zu haben.

Bitten Sie den Schlachter, er möge Ihnen die Schwarte des prächtigen Bratens doch bitte rautenförmig einritzen. Er hat vielleicht ein Messer, bei dem sich die Klingentiefe regulieren lässt. So wird die Schwarte zwar eingeschnitten, das Fleisch jedoch nicht verletzt. Wenn ich mich nicht ganz täusche, gibt es im Baumarkt so etwas auch als Teppichmesser. Zu Hause spülen Sie das Fleisch ab, trocknen es mit Küchenkrepp und geben rundherum Pfeffer, Salz und gemahlenen Kümmel auf den Braten. Wer letztgenanntes Gewürz nicht mag, lässt es weg oder experimentiert mit Kräutern. In eine Bratreine geben Sie ein wenig Öl und legen den Braten mit der Schwarte nach oben hinein. Ringsherum die gewürfelten Zwiebeln und das Suppengemüse streuen. In den auf 220 Grad vorgeheizten Backofen schieben. Nach knapp einer halben Stunde gieße ich etwa einen halben Liter kochendes Wasser an und reduziere die Hitze auf 175 Grad. In der nächsten Stunde begieße ich das gute Stück immer wieder mit dem Fond aus der Reine.

Inzwischen sieht der Braten schon sehr lecker aus. Den richtigen Krustenbraten-Kick bekommt er jedoch erst durch ein kleines Zechgelage: Ich gieße das Bier über die inzwischen schon goldbraune Kruste und erhöhe die Hitze auf 250 Grad. Sie können auch die Grillschlange des Ofens anwerfen, dann besteht jedoch Verbrennungsgefahr für die schöne krosse Haut. Den fertigen Braten im ausgeschalteten Ofen etwa zehn Minuten lang ruhen lassen.

In der Zwischenzeit sind Sauce und Sauerkraut dran. Den Saucenfond in der Reine durch ein Sieb in eine Sauteuse oder Pfanne geben, das Fett sorgfältig abschöpfen. Kräftig einkochen lassen, mit Pfeffer, Salz und Kümmel abschmecken. Ein paar untergeschlagene Butterflöckchen bringen Bindung und Geschmack. Ganz ausgebuffte Köche geben etwas Kalbsfond zur Sauce, das bringt noch mehr Kraft.

Die Schalotten würfeln und in der Butter anziehen lassen, das zerpflückte Sauerkraut zugeben. Einen Schuss Wein angießen und garen. Abschmecken und die Sahne zufügen. Den Braten aufschneiden und auf einer vorgewärmten Platte anrichten. Sauerkraut und Salzkartoffeln dazu servieren. Und als Getränk gibt es hoffentlich etwas mehr Bier als den Rest aus der angebrochenen Flasche vom Kochen.

Zutaten (4 Personen):

1 kg	Schweinebraten
1 kg	Sauerkraut
50 g	Butter
0,5 l	Wasser
0,2 l	Bier
0,1 l	Sahne
1	Bund Suppengrün
2	Zwiebeln
2	Schalotten
	Öl
	Kümmel
	Pfeffer, Salz

Hackbraten

aus reinem Rinderhack mit grünem Pfeffer, Kapern und Sardellenfilets

Zutaten (4 Personen):

500 g	Beefsteakmett
125 g	Frühstücksspeck
2 EL	Kapern
2 EL	Anchovis
1	Ei
1	Brötchen
2	Zwiebeln
1	Knoblauchzehe
	Cayenne
	Pfeffer, Salz

Zu den beliebtesten Fleischzubereitungen in Deutschlands Küchen und Schnellrestaurants gehört Hack. Ob als Hamburger beim McDonald`s, Burger King und Kollegen oder als Frikadelle zum Bier und Beefsteak à la Meyer zu Hause, Hackfleisch ist immer dabei.

Ein Anverwandter der genannten Herrschaften ist der Hackbraten, den es in unzähligen Versionen gibt und der sich so vorzüglich für Leute eignet, die immer Sehnen und Knorpel im Fleisch finden oder die mit den Beißerchen oder deren Ersatzspielern Probleme haben. Zudem lässt sich Hackfleisch von sehr vielen Fleischsorten zubereiten. Je nachdem, ob Sie Rind, Schwein, Kalb oder Lamm durchdrehen, wird ein anderer Charakter schmeckbar sein.

Wer immer Buletten, Köfte, Hamburger, Hackbraten & Co. zubereiten möchte, sollte sich über eines im Klaren sein: Hackfleischgerichte sind keine Entsorgungsmethode für Abfälle und minderwertiges Fleisch. Was ich als Braten, Steak oder Kotelett nicht auf dem Teller haben möchte, kommt mir auch nicht durch den Wolf. Klaro? Als Beispiel für gute Zutaten, besten Geschmack und magere Küche stelle ich Ihnen heute einen kleinen Hackbraten vor, der »richtiges« Fleisch nicht vermissen lässt, der schnell gemacht ist und auch noch prima schmeckt.

Sie können den Hackbraten selbstverständlich auch klassisch halb und halb aus Rinder- und Schweinehack zubereiten, meine Version ist besonders mager. Das Beefsteakmett (Tartar) bekommen Sie frisch durchgelassen beim Schlachter, es muss (!) am selben Tag verarbeitet werden. Wer beispielsweise Restanten-Steaks aus der heimischen Tiefkühltruhe einer sinnvollen Verwendung zuführen will, dreht sie nach dem schonenden Auftauen durch den Wolf oder cuttert sie in der Moulinette zusammen mit Zwiebeln und Knoblauch. Aber bitte das Schlagwerk nicht zu lange laufen lassen, die Masse wird sonst zu fein und auch zu warm.

Das Beefsteakmett vom Schlachter mit fein geschnittenen Zwiebeln und Knoblauch sowie dem Ei und dem eingeweichten, ausgedrückten Brötchen mischen. Klein geschnippelte Anchovis dazu, abgetropfte Kapern und schließlich Pfeffer, Salz und eine Spur Cayenne.

Wer eine Ader für exotische Gewürze hat, kann Ingwer, Curry, Zitronengras und Chili verwenden, dann allerdings sollten Anchovis und

Kapern weggelassen werden, weil der Hackbraten dann mit Aromen überlastet wäre.

Den Hackfleischteig in eine feuerfeste Form füllen, mit dem Frühstücksspeck bedecken und für rund eine halbe Stunde in den auf 200 Grad vorgeheizten Ofen schieben. Ist das Ding innen auch gar? Die Nadelprobe gibt Auskunft. Einen metallenen Schaschlikspieß oder Ähnliches in den Hackfleischklops bohren. 15 Sekunden drin lassen, rausziehen und das Metall an die Unterseite der Unterlippe führen. Angenehm warm bis heiß? Bestens, der Braten ist gar. Kühl bis lauwarm? Da müssen wir wohl noch ein bisschen nacharbeiten.

Der Hackbraten lässt auch bei den Beilagen und Getränken alle Variationsmöglichkeiten zu. Von Reis bis Kartoffeln, von Paprika bis Blumenkohl, von Bier bis Mineralwasser.

Übrigens: Etliche Singles haben mich gebeten, doch auch einmal Rezepte für den Ein-Personen-Haushalt zu veröffentlichen. Sie haben eben eines gelesen. 125 Gramm Hack kaufen, von den anderen Zutaten jeweils nur ein Viertel, eine kleinere Form, etwas kürzere Garzeit. Kein Haushalt ist für einen Hackbraten zu klein. Und aufgewärmt schmeckt er auch noch am nächsten Tag.

Klassisches Hühnerfrikassee

mit rosa Champignons, Steinpilzen und frischem Spargel

Zutaten (4 Personen):

250 g	Spargel
250 g	rosa Champignons
50 g	Butter
30 g	Mehl
20 g	getrocknete Steinpilze
0,4 l	Hühnerbrühe
0,2 l	Sahne
1	Suppenhuhn
1	Suppengrün
10	schwarze Pfefferkörner
2	Zwiebeln
1	Zitrone
1	Knoblauchzehe
2	Lorbeerblätter
3	Nelken
	Butaris
	Worcestersauce
	Basmatireis

Klein geschnittenes helles Fleisch in heller Sauce – so steht es im Lexikon beim Stichwort Frikassee. Doch diese sachliche Erklärung gibt nicht annähernd den Wohlgeschmack und den kulinarischen Genuss wieder, der sich mit einem solchen Gericht der altmodischen Küche verbindet. Wobei altmodisch vielleicht nicht der richtige Ausdruck ist, denn auch junge Leute schlagen komischerweise kräftig bis verfressen zu, wenn beispielsweise ein Hühnerfrikassee auf den Tisch kommt.

»Wie macht man so etwas eigentlich«, fragte die Tochter kürzlich, als sich unsere Familie über eine Schüssel Frikassee hermachte. Und da gerade das Wissen um diese Klassiker angesichts der großen Zahl von Fertiggerichten in Vergessenheit zu geraten droht, koche ich heute mit Ihnen ein Hühnerfrikassee.

Basis für ein Hühnerfrikassee ist ein Suppenhuhn. Das ist zwar fetter als eine Poularde, aber dieses Fett bringt auch Geschmack. Wobei das Risiko beim Suppenhuhn nicht verschwiegen werden soll, dass Sie mit einem zähen Vogel nach Hause kommen, der auch nach stundenlangem Kochen nicht weich wird. Möge die Übung gelingen!

In den großen Suppentopf kommen das Huhn, ein geputztes und klein geschnippeltes Suppengrün, die gewürfelten Zwiebeln und die Knoblauchzehe. Wasser drauf und Feuer frei. Wenn das Wasser kocht, die Hitze etwas reduzieren und den aufsteigenden Schaum mehrfach abschöpfen. Erst dann die würzenden Zutaten zufügen, da sie sonst mit der Schaumkelle wieder herausgefischt würden. Zwei Stunden sanft vor sich hin köcheln lassen.

Dann das Huhn herausnehmen und etwas abkühlen lassen. Die Suppe durch ein Sieb geben, die Brühe ebenfalls etwas erkalten lassen. Nach einer Stunde ist der tote Vogel so weit abgekühlt, dass Sie ihm nun mit den Fingern zu Leibe rücken können, ohne sich diese zu verbrennen.

Es gilt nun das schiere Fleisch vom Gerippe zu pulen, und nur das von Brust und Keulen findet später in mundgerechten Stücken Verwendung im Frikassee. Alles andere – Haut, Knochen, Sehnen, Flügel – hat ausgedient. Übrigens: Die besten Stücke befinden sich am Rücken in zwei Vertiefungen, die Köchefilets. Die heißen aus gutem Grund so, weil sie schwuppdiwupp in meinem Mund verschwunden sind. Dennoch liegt nun eine gewaltige Menge schieres Fleisch in der Schüssel, das mit Salz und Pfeffer gewürzt wird.

Die Brühe sorgfältig entfetten. Das ist ganz einfach, denn Fett schwimmt bekanntlich oben. 0,4 Liter der entfetteten Brühe sind die Basis für die Sauce, der Rest wird für andere Verwendungen eingefroren.

Nun bereite ich die Gemüseeinlage vor. Die Steinpilze in Wasser einweichen. Die rosa Champignons putzen, vierteln und in Butaris kräftig anbraten. Die Steinpilze ausdrücken, grob zerkleinern und zufügen, schließlich das durch ein feines Sieb gegebene Einweichwasser zugeben. Zwei, drei Minuten köcheln lassen. Den Spargel schälen, in vier, fünf Zentimeter lange Stücke schneiden und in kochendem Salzwasser garen. Wobei es dem Spaß keinen Abbruch tut, wenn griechischer oder spanischer Spargel mit dem Huhn baden geht, der deutsche muss noch ein bisschen wachsen.

Nun geht der Spaß in die letzte Runde. Ich schnappe mir erneut meinen Suppentopf und zerlasse darin 50 Gramm Butter. Darüber stäube ich das Mehl und rühre mit dem Teigschaber sorgfältig, damit nichts anbrennt. Nun die Brühe und die Sahne zufügen und zehn Minuten durchkochen lassen. Pilze und Spargel dazu, schließlich das Hühnerfleisch.

Der Rest ist das, was Kocherei eigentlich ausmacht: Abschmecken. Salz, Pfeffer – na, klar. Zitrone – unbedingt. Worcestersauce – gehört einfach an ein Frikassee. Noch ein bisschen Schärfe? Dann muss Cayenne ran. Wenn Sie dann zufrieden sind, kann gegessen werden. Als Beilage ist Basmatireis nicht zu schlagen. Und wenn es mich nicht ganz täuscht, dann werden vier Personen mit der Menge im Topf so ihre Probleme haben. Macht nichts, das Frikassee lässt sich bestens einfrieren.

Kohlrouladen

sind ein beliebter Klassiker der bürgerlichen Küche

1 kg	Weißkohl
500 g	Hackfleisch
0,25 l	Brühe
0,1 l	Milch
2	Zwiebeln
1	Brötchen
1	Ei
	Butaris
	Kümmel
	Petersilie
	Paprika
	Pfeffer, Salz

Was ist das Wintergemüse schlechthin? Kohl in jeder Form. Ob als Rotkohl zur Ente oder zum Sauerbraten, ob als Braunkohl zur Pinkel, ob als Sauerkohl zum Eisbein. Bei all den genannten Gerichten spielt der Kohl eher die Nebenrolle, ist Begleiter von Fleisch.

Mein heutiger Rezeptvorschlag rückt den Kohl in die Rolle des gleichberechtigten Partners, denn der Kohl ist nicht Beilage, sondern spielt eine der beiden Hauptrollen. Es gibt Kohlrouladen, jenen Klassiker der bürgerlichen Küche, bei dem selbst ausgebuffte Gourmets schwach werden.

Beim Kohl habe ich mich für Weißkohl entschieden, weil der sonst so selten auf den Tisch kommt. Die Kohlrouladen lassen sich jedoch auch mit Wirsing zubereiten. Problematischer ist in diesen von BSE und Scrapie geprägten Zeiten die Auswahl der Füllung. Unerschrockene Naturen nehmen Hackfleisch von Rind oder Lamm, wer ein bisschen Bammel hat, greift zu Schweinemett oder zerkleinert Hühner- oder Putenfleisch in der Moulinette oder mit dem Wolf.

Wer wohlgeformte Kohlrouladen auf den Tisch bringen möchte, muss schon bei den ersten Arbeitsgängen Sorgfalt walten lassen. Es gilt nämlich die äußeren Blätter des Weißkohls möglichst ungeschadet zu lösen, damit sie später die geschlossene Umhüllung der Rouladen werden können.

Lassen sich die Blätter gut lösen, ohne dass sie einreißen, so werden sie anschließend in sprudelnd kochendem Salzwasser ein paar Minuten blanchiert und dann kalt abgeschreckt.

Sind die Blätter widerspenstig, so blanchiere ich den ganzen Kohl in einem großen Suppentopf. Das kann allerdings durchaus zehn Minuten dauern, bis der Kohl entsprechend geweicht ist. Abschrecken und Blatt für Blatt vom Strunk lösen. Für jede Kohlroulade lege ich nun zwei bis drei große Blätter beiseite, der restliche Kohl wird in Streifen geschnitten.

Nun ist zunächst einmal die Füllung dran. Dafür das Brötchen in Würfel schneiden, mit der Milch und anschließend mit dem Ei vermischen. Das Hackfleisch, Petersilie und die fein gehackte Zwiebel zugeben, den Teig gründlich durcharbeiten. Mit Salz, Pfeffer und Paprika würzen.

Die gut abgetropften Kohlblätter breite ich nun in vier Quadraten aus, würze mit Salz und Pfeffer und nicht zu knapp mit Kümmel. In die Mitte kommt jeweils ein Viertel der Füllung. Nun die Kohlblätter aufrollen und mit Schlachterfaden oder einem anderen hitzebeständigen Garn (kein Kunststoff!!!) wie Päckchen verschließen.

In einem großen Bräter zerlasse ich auf dem Herd Butaris und brate darin die Kohlrouladen von beiden Seiten an. Ich füge den klein geschnittenen Kohl hinzu, der wie eine Beilage serviert wird. Wenn die Rouladen eine zu dicke Kohlschicht haben, werden sie undelikat. Auch den Schnippelkohl mit Salz, Pfeffer und Kümmel würzen. Mehrfach umrühren.

In einem Topf die Brühe zum Kochen bringen und zu den Kohlrouladen geben. Die Form in den auf 180 Grad vorgeheizten Backofen schieben und etwa eine halbe Stunde garen.

Wer zu seinen Gästen und Mitessern freundlich ist, tüdelt vor dem Servieren die Fäden von den Rouladen. Wer Spaß bei Tisch haben will, lässt sie dran. Allerdings sollten dann neben Messern und Gabeln auch Lätzchen oder besser gleich Schürzen ausgegeben werden.

Die Kohlrouladen mit der Kohlbeilage sowie ein paar Salzkartoffeln anrichten und mit der Brühe umgießen. Dazu schmeckt am besten ein kühles Bier.

Masala-geschärftes Gulasch

mit Champignons und Zwiebeln sowie safrangelbem Basmatireis

Zutaten (4 Personen):

500 g	Gulasch
500 g	Zwiebeln
250 g	rosa Champignons
0,25 l	Rinderbrühe
0,2 l	Rotwein
10 g	getrocknete Steinpilze
1 EL	Masala
	Öl oder Butaris
	Salz

In der asiatischen, vor allem in der indischen Küche ist Masala nicht wegzudenken. Hinter dieser Bezeichnung verbergen sich Gewürzmischungen, die unter anderem auch für Tandoori verwendet werden. Solche Mischungen für die verschiedensten Anwendungen von Fisch bis Huhn gibt es auch bei uns in Asienläden zu kaufen – ich habe eine solche Mischung einfach mal aus Neugierde mit einem klassischen Gulaschrezept kombiniert und das Ergebnis war richtig gut.

Um einen kleinen Eindruck der Geschmacksnoten zu vermitteln, hier ein Blick auf die Zutatenliste des Masalas: Koriander, Salz, Griechisches Heu, Kümmel, Zimt, Chili, schwarzer Pfeffer, Ingwer, Zwiebeln, Knoblauch, Senf, Lorbeer und Muskat. Und genau dieses geballte Aroma soll meinem Gulasch Flügel verleihen.

Beim Gulasch bevorzuge ich halb Rind, halb Schwein, das können Sie jedoch halten wie ein Dachdecker. Gut zum Masala passt auch Lammfleisch aus der Keule. Versuch macht klug. Auf jeden Fall kommen nur schiere Stücke in den Schmortopf; kein Fett, keine Sehnen, keine Häute sollen Zunge und Gaumen beleidigen.

Das Fleisch in neutralem Pflanzenöl oder Butaris in einer großen Pfanne anbraten. Dabei mit dem Masala bestäuben. Nicht erschrecken! Das Zeug färbt wie der Teufel, das Fleisch wird augenblicklich rot. Ab in den Schmortopf damit. In der Pfanne anschließend mit neuem Fett zunächst die geputzten, geviertelten Champignons und die eingeweichten und ausgedrückten Steinpilze relativ scharf, dann die gepellten und in Streifen geschnittenen Zwiebeln eher sacht anbraten. Salzen nicht vergessen. Alles in den Schmortopf umbetten. Die Pfanne mit Rotwein ablöschen und die Bratrückstände losschaben. Brühe und Einweichwasser von den Pilzen zugeben und einmal aufkochen. Zum Gulasch geben, alles umrühren, Deckel drauf und anderthalb Stunden köcheln lassen.

Nun kommt der Moment der Entscheidung. Muss noch mehr Masala ran? Fehlt Salz? Soll der Schärfe-Turbo mit Chili eingeschaltet werden? Ist die Sauce genug eingekocht? Fragen über Fragen, die nur Sie am Herd beantworten können. Abschmecken heißt das Gebot der Stunde – und diese Übung macht auch noch Spaß.

Jetzt wird es Zeit, den Reis zuzubereiten. Dafür zwei Tassen Basmati mit vier Tassen Wasser und einem Teelöffel Salz sowie einer Kapsel Safran oder einem Tütchen Safranfäden zum Kochen bringen. Dann einmal umrühren, die Hitze deutlich reduzieren, den Reis bei kleiner Flamme gar ziehen lassen. Das macht Freude, das macht Spaß, wenn man den gelben Reis so köstlich riecht und sieht. Als Bett auf dem vorgewärmten Teller nimmt er das Gulasch mit seiner dunklen Sauce auf, das plötzlich gar nicht mehr ungarisch, sondern eher indisch ist.

Als Getränk bietet sich ein schlichter Roter an, wer es auch im Glas exotisch haben will, besorgt sich im Türkenladen Ayran, das köstliche Joghurtgetränk, das so vorzüglich gerade zu scharfen Speisen schmeckt.

Poularde in Noilly-Prat-Sauce

mit Frühlingszwiebeln und Tomatenwürfeln

Wermut oder Vermouth galt in meiner Jugend als ein ziemlich mieses Gesöff. Wermutbruder war schon eine recht abfällige Bemerkung über einen Menschen. Doch wahrscheinlich haben die meisten dieser Schlauschnacker nie einen guten Wermut probiert. Allerdings trinke ich einen solchen Wermut nicht, sondern gebe ihn als besonderen Aromaträger ans Essen. Knochentrocken muss er sein, ein solches Kriterium erfüllt der französische Noilly-Prat. Dieser Wermut hat in der feinen Küche der großen Köche einen festen Platz – vor allem für Saucen zu Fisch und zu Krusten- und Schalentieren.

Ich lasse den herben Franzosen heute auf eine Poularde los, die im Idealfall ihren Ursprung auch bei den Galliern hat. Es gibt also einen Gockel als Wermutbruder – was nicht abwertend gemeint ist, sondern eher appetitanregend. Begleitet wird das Geflügel von Frühlingszwiebeln und Tomatenwürfeln.

Herzlichen Glückwunsch, wenn sie Qualitätsgeflügel bekommen haben. Die Spitze ist natürlich eine Bresse-Poularde, aber so etwas bekommt man außerhalb der Gastronomie eher selten, weil viele Menschen lieber Geld für Breitreifen ausgeben als für gutes, gesundes Essen. Aber das muss jeder mit sich selbst ausmachen. Auf meinem Küchentisch liegt nun eine solche Poularde – und die nehme ich nach allen Regeln der Kunst auseinander: Erst die Keulen abschneiden und im Kniegelenk noch einmal teilen, dann die Brüste auslösen und ebenfalls halbieren. So haben Sie acht Teile und ein Gerippe mit Flügeln dran. Letzteres ist die Grundlage für den Fond. Ich zerteile die Karkasse mit dem Küchenbeil und gebe die Stücke in einen Suppentopf. Hinzu kommen die Häute von den edlen Teilen, das geputzte Bund Suppengrün in Würfeln sowie ein paar grob zerkleinerte Zwiebeln. Wasser drauf, aufkochen, abschäumen, Pfeffer, Thymian, Nelke, Lorbeerblatt hinein – und dann kann die Saucenbasis zwei Stunden vor sich hin simmern. Durchsieben, den Fond entfetten.

Die fein gewürfelten Schalotten lasse ich in einem Schmortopf in Butter glasig werden und brate dann die Poulardenstücke sanft an. Schwarzer Pfeffer aus der Mühle und Salz als erste Basiswürze. Mit dem weißen, trockenen Wermut ablöschen, den Hühnerfond zugeben, zwei Rosmarinzweige und eine gepellte Knoblauchzehe zufügen. Deckel drauf und bei sanfter Hitze auf dem Herd oder bei 150 Grad im Ofen 20 Minuten schmoren lassen. In der Zwischenzeit die Tomaten überbrühen, enthäuten, vierteln, entkernen und das Fruchtfleisch würfeln. Die Frühlingszwiebeln putzen und in Ringe schneiden. Diese Ringe in einer Sauteuse oder hochwandigen Pfanne in etwas Butter anschwitzen, die Tomatenwürfel zufügen und drei, vier Minuten garen. Abschmecken – fertig ist die Gemüsebeilage.

Die Poulardenstücke aus der Sauce nehmen und warm stellen. Die Sauce durch ein feines Sieb gießen und kräftig einkochen. Die Sahne zufügen, abschmecken (Pfeffer, Salz, Zitrone) – und schon ist es vollbracht. Der Wermutgockel kann serviert werden. Dazu gibt es keinen Wermut, aber vielleicht einen kräftigen Weißwein aus der Burgundergruppe. Und wer eine Sättigungsbeilage braucht, ist mit kleinen Röstkartoffeln mit Thymian bestens bedient.

Zutaten (4 Personen):

500 g	Tomaten
0,5 l	Hühnerbrühe
0,1 l	Sahne
0,1 l	Noilly-Prat
1	Poularde von 1,6 bis 1,8 kg
1	Knoblauchzehe
4	Bund Frühlingszwiebeln
2	Schalotten
	Zitrone
	Butter
	Rosmarin
	Pfeffer, Salz

Rinderfilet

mit Shitake-Pilzen und Paprika in scharfer Kokossahne

Zutaten (4 Personen):

500 g	Rinderfilet
250 g	Zuckerschoten
125 g	Shitake-Pilze
2 EL	Sojasauce
2 EL	Sesamöl
1 EL	Stärkepulver
1	Dose Kokossahne
1	Bund Koriandergrün
2	rote Paprika
1	Knoblauchzehe
1	Zwiebel
	Ingwer
	rote Currypaste
	neutrales Öl

Die fernöstliche Küche hat gegenüber deutscher Hausmannskost viele Vorteile: Sie ist meist deutlich leichter und die Zubereitung ist in vielen Fällen erheblich schneller erledigt. Beispielsweise ist das Garen im Wok eine besonders fixe Methode, zu einem schmackhaften, leichten Essen zu kommen.

Ein Beispiel für einen solchen pfannengerührten, schnellen Leckerbissen ist mein heutiger Rezeptvorschlag. Es gibt Rinderfilet mit verschiedenen Gemüsen in einer scharfen Kokossahne.

Die Vorbereitungen beginnen mit dem Rinderfilet. Das sauber parierte Fleisch wird in Streifen geschnitten und dünn mit Speisestärke eingepudert. Die Filetstreifen in einer Mischung aus Sojasauce, neutralem Öl und kräftigem Sesamöl etwa eine Stunde marinieren. Dabei ein paar Mal wenden.

In der Zwischenzeit machen Sie sich über die Gemüse her. Zuckerschoten putzen, Paprikaschoten entkernen, mit dem Sparschäler enthäuten und in Streifen schneiden. Ingwer, Zwiebel und Knoblauch schälen und in sehr feine Würfel schnippeln. Schließlich können Sie nun schon den Basmatireis als Beilage aufsetzen, der Rest ist nämlich eine Sache von wirklich nur ein paar Minuten.

In neutralem Öl im heißen Wok zunächst die abgetropften Filetstreifen in zwei Minuten braten. Herausnehmen und warmstellen. In frischem Öl die Ingwer-, Knoblauch- und Zwiebelwürfel anziehen lassen, dann Paprikastreifen, Zuckerschoten und die mundgerecht zerlegten Shitake-Pilze zufügen.

Im Wok die Zutaten ständig durcheinanderwirbeln. So kann nichts anbrennen, und die Gemüse bleiben wunderbar knackig. Nach ein paar Minuten die ungesüßte Kokossahne zufügen, kurz aufkochen lassen und mit roter Currypaste würzen.

Wie viel? Das ist Ihrem persönlichen Geschmack überlassen. Ich warne allerdings Unvorsichtige oder gar Lebensmüde: Wer gleich mit einem oder gar zwei Esslöffeln beginnt, kann auch gleich die Feuerwehr bestellen. Wer solche Löschversuche vermeiden will, tastet sich mit halben Teelöffeln an die Sache heran. Nachlegen kann man schließlich immer. Schließlich wird die sahnig-helle Brühe mit Sojasauce abgeschmeckt. So können Sie weitgehend auf Pfeffer und Salz verzichten, weil die Sojasauce ohnehin salzig ist, die Currypaste für die Schärfe sorgt.

Das Fleisch mit in die sahnige Sauce geben, ein Bund gezupftes und gehacktes Koriandergrün über das Gericht geben und schon steht ein herrlich duftendes, leichtes, leckeres Essen auf dem Tisch. Der Basmatireis ist die ideale Beilage, die sich so herrlich mit der Sauce verbindet und der Schärfe die Spitze nimmt.

Rinderrouladen

als Einstieg für Leute, die endlich mal selbst kochen wollen

Kochen macht Spaß. Für mich ist es Entspannung und Genuß zugleich, für andere eher Streß und notwendiges Übel. Doch es gibt auch Menschen, die würden sich zwar gern selbst an den Herd stellen, stehen aber vor einem Wald von scheinbaren hohen Hürden. Vor allem junge Leute, bei denen zu Hause nicht mit Lust gekocht wurde, haben spätestens dann ein Problem, wenn sie die ersten eigenen vier Wände beziehen und gern mal etwas brutzeln möchten.

Übung macht auch in solchen Fällen den Meister. Und weil es so viele Anfänger gibt, die gern kochen würden, aber denen noch der Mut fehlt, werde ich in loser Folge immer wieder Rezepte vorstellen, die nicht schwierig zu kochen sind, die gut schmecken und die Sicherheit im Umgang mit Lebensmitteln, Gewürzen und Geräten vermitteln.

In der ersten Lektion gibt es ein wundervolles Schmorgericht, das auch zu meinen ersten Gehversuchen am Herd gehörte. In den Topf kommen Rinderrouladen. Die Rouladen stammen natürlich vom besten Schlachter weit und breit, er hat das Fleisch gut abhängen lassen. Die dünnen, länglichen Fleischlappen spüle ich ab, tupfe sie mit Küchenkrepp halbwegs trocken und breite sie dann auf einer Arbeitsfläche aus. Salzen und aus der Mühle pfeffern, satt mit mittelscharfem Senf einpinseln, dann folgen in Längsrichtung jeweils zwei Scheiben Frühstücksspeck.

Nun folgt das Gemüse: Die Zwiebeln pellen und in Streifen schneiden. Die Cornichons zunächst längs in Scheiben, dann in Stifte schneiden. Beides quer zur Längsrichtung der Rouladen nahe an das Ende legen, von dem aus die Fleischscheiben aufgerollt werden. Möglichst alles Gemüse mit einwickeln, dann die Rollen mit Rouladennadeln oder Holzspießchen verschließen. Im großen Schmortopf werden die Rouladen nun von allen Seiten angebraten. Richtig kräftig, daß sich eine dunkelbraune Kruste bildet – aber bitte keine schwarze. Eventuell mal die innenliegenden Rouladen gegen die vom Rand tauschen, wenn die Hitzeverteilung nicht gleichmäßig ist.

Mit Rotwein und Brühe ablöschen, die Hitze reduzieren, Deckel drauf und etwa eine Stunde vor sich hin köcheln lassen. Als Brühe eignet sich gut ein Rinderfond aus dem Glas. In der Zwischenzeit können Sie Kartoffeln schälen und in Salzwasser aufsetzen. Mit Extravaganzen wie hausgemachten Knödeln oder Rotkohl halten Sie sich in der Grundschule des Kochens bitte nicht auf, die Rouladen erfordern nun nämlich genug Aufmerksamkeit. Deshalb stammt der Rotkohl aus der Tiefkühltruhe, er wird nach Packungsanweisung zubereitet.

Wenn die Kartoffeln kochen, nehmen Sie den Deckel vom Schmortopf ab und geben wieder mehr Gas. Die dünne Plörre im Topf soll schließlich zur Sauce werden. Es verdampft Flüssigkeit, die dunkelbraune Brühe wird langsam sämiger. Mit Salz und Pfeffer, vielleicht sogar einer Spur Senf abzuschmecken.

Jetzt nur noch die Kartoffeln abgießen und ausdämpfen, den Rotkohl in eine Schüssel geben, die Nadeln aus den Rouladen ziehen – und schon steht das Werk auf dem Tisch. War ganz leicht, hat vielleicht sogar Spaß gemacht und schmecken tut es auch.

Zutaten (4 Personen):

0,25 l	Rinderbrühe
0,1 l	Rotwein
4	Rouladen
8	Scheiben Frühstücksspeck
4	Cornichons
4	Zwiebeln
	Senf
	Butaris
	Pfeffer, Salz

Sauerbraten

gehört bei Jung und Alt zu den beliebtesten Fleischgerichten

Zutaten (8 Personen):

2 kg	Rindfleisch
0,4 l	Glas Rinderfond
0,25 l	Rotweinessig
0,25 l	kräftiger Rotwein
2	Lorbeerblätter
5	Nelken
1	Suppengrün
4	Zwiebeln
	Butaris
	weiße Pfefferkörner

Die Hitparade der beliebtesten Gerichte auf deutschen Tischen führen allenfalls bei kleinen Kindern Pommes und Spaghetti an. Fragt man mal bei Erwachsenen nach, dann gehören zu den Leibgerichten oftmals die Klassiker der deutschen Küche: Rouladen, Schweinebraten, Wiener Schnitzel. Und ebenfalls in der Spitzengruppe dieser kulinarischen Hitparade ist Sauerbraten zu finden.

In meiner heutigen Kolumne denke ich mal wieder an den Nachwuchs am Herd, der seine ersten Gehversuche an Pfannen und Töpfen vielleicht schon hinter sich hat, sich aber nun auch mal an einen großen, klassischen Braten trauen will. Nichts einfacher als das, denn ein guter Sauerbraten hat nichts mit großer Kochkunst, wohl aber mit solidem Handwerk zu tun.

Es lohnt sich nicht, einen Minibraten von vielleicht nur 500 g in den Topf zu werfen. Dafür ist der Aufwand zu groß, und das große Stück Fleisch gart einfach gleichmäßiger. Deshalb lasse ich mir beim Schlachter auch gleich anderthalb bis zwei Kilo aus der Unterschale oder Blume schneiden, das ist der Stoff, aus dem erstklassige Braten werden. Diese Menge ist natürlich selbst für vier Esser zu groß, was übrig bleibt, lässt sich jedoch bestens einfrieren.

Neben der Qualität des gut abgehangenen Fleisches ist vor allem die des Essigs wichtig. Nur gute, milde Qualitäten sind für einen erstklassigen Sauerbraten geeignet. Wer mit einem ätzenden Säuerling arbeitet, der allenfalls zur Reinigung der Badezimmerfliesen taugt, der darf sich nicht wundern, wenn die Gäste nicht lustig, sondern sauer werden.

Die Vorbereitungen für das Sonntagsessen beginnen spätestens am Mittwoch. Beim Schlachter habe ich das Prachtexemplar von Braten geholt und schneide zu Hause alles ab, was an ein sorgfältig präpariertes Stück Fleisch nicht drangehört. Dann suche ich mir eine Schüssel, in die mein Rindfleisch ziemlich genau passt. Ich mische nun Essig, Rotwein (beispielsweise Côtes du Rhône) und den Fond aus dem Glas, gebe Pfefferkörner, Lorbeer und Nelken dazu und koche die säuerliche Brühe einmal auf. Abkühlen lassen.

Statt des Fonds hätte ich natürlich auch Wasser nehmen können. Mache ich aber nicht, da die Sauce vor Kraft nur so strotzen soll. Die abgekühlte Brühe gieße ich nun über das Fleisch, im Idealfall reicht die Menge gerade aus, um das gute Stück zu bedecken. Einen großen Teller drauf, ab in den Kühlschrank damit und einmal pro Tag wird der Braten gewendet.

Und dann kommt der Sonntag und die Freunde können es kaum abwarten, über einen mürben, saftigen, fein säuerlichen Braten herzufallen. Doch so weit ist es noch nicht, denn das Ding ist ja noch roh. Doch das ändert sich in Kürze.

Zunächst die Zwiebeln und das Suppengemüse putzen und klein schnippeln. In einer großen, schweren Pfanne den Braten in Butaris ringsherum anbraten. Mit Salz und Pfeffer würzen und in einen Schmortopf bugsieren. In die Pfanne nun die Gemüsewürfel geben und ebenfalls anziehen lassen, sie sollen jedoch nicht großartig Farbe annehmen. Karotten & Co. zum Fleisch geben. Das restliche Fett vom Anbraten weggießen, den Ansatz mit der Marinade ablöschen, die Brühe aufkochen, alle Bratrückstände sorgfältig losschaben, die heiße Flüssigkeit über den Braten geben.

Auf dem Herd zum Kochen bringen, Hitze runter, Deckel drauf – in den kommenden zwei bis zweieinhalb Stunden wird aus zwei Kilo Rindfleisch ein toller Sauerbraten. Alle halbe Stunde mal nach dem Rechten sehen, im Idealfall blubbert die Brühe ganz sacht vor sich hin.

Der Endspurt beginnt! Das Fleisch aus dem Topf nehmen, in Alufolie einpacken und im Herd warm halten. Die Brühe gießen Sie nun durch ein Sieb und geben sie anschließend in den großen Topf zurück. Kräftig Gas geben, jetzt soll aus der dünnen Plörre eine Sauce werden. Da wird kräftig eingekocht und zwischendurch immer wieder das Fett abgeschöpft, das sich am Rand an der Oberfläche kräuselt. Und nicht vergessen: Zwischendurch schon mal grob abschmecken. Salz, Pfeffer, vielleicht noch etwas Essig, eine Prise Zucker – Stück für Stück tasten Sie sich an die Sache ran. Und wer sich als Rheinländer zum Karneval die Pappnase aufsetzt, der darf auch Pumpernickel und Rosinen hineinstreuen.

Als Beilagen sind Kartoffelklöße und Rotkohl erste Wahl. Wenn Sie die fertig haben, wird das Fleisch aufgeschnitten und auf einer vorgewärmten Platte angerichtet. Die Sauce bekommt nun den letzten Schliff, indem Sie ein Stück eiskalte Butter mit dem Mixer unterschlagen.

Sauer macht lustig und lustig ist schön. Mich würde es nicht wundern, wenn eine total verfressene Bande Ihnen den ganzen Braten auffuttert. Das ist der Ritterschlag für den Koch oder die Köchin: Es hat tierisch gut geschmeckt.

Wiener Schnitzel

vom Schweinefilet sind leckere Begleiter zum Spargel

Zutaten (4 Personen):

600 g Schweinefilet
2 Eier
2 Eigelb
Mehl
Paniermehl
Butaris
Pfeffer, Salz

Puristen lesen an dieser Stelle gar nicht erst weiter, für sie stammt ein Wiener Schnitzel vom Kalb – und damit basta. Basta ist jedoch kein sonderlich starkes Argument, deshalb brate ich heute Scheiben vom Schweinefilet nach Wiener Art und betrachte sie als hochwertige Begleiter von frischem Spargel, neuen Kartoffeln und einer Sauce Hollandaise. Und wer auf sein Wiener vom Kalb besteht: Ich falle niemandem in den Arm, wenn er sich beim Schlachter Kalbsschnitzel über den Tresen reichen lässt.

Das Fleisch pariere ich zunächst sorgfältig, das heißt, ich schneide alles ab, was an ein Filet nicht gehört und was eigentlich der Schlachter hätte abschneiden müssen. Das Fleisch nun in Scheiben von etwa einem Zentimeter Dicke schneiden. Zwischen Haushaltsfolie klopfe ich dann jede Filetscheibe mit dem Küchenbeil aus. Es gibt auch spezielle metallene runde Fleischklopfer, die denselben Zweck erfüllen.

Sodann stelle ich mir drei tiefe Teller bereit. In den einen kommt Mehl, in den zweiten die beiden ganzen Eier und die beiden Eigelbe. Zusammen mit Pfeffer aus der Mühle und Salz verschlage ich diese zu einer gewürzten Ei-Mischung. In den dritten Teller kommt frisch geriebenes Paniermehl.

Nun ziehe ich Schnitzelchen für Schnitzelchen seinen Wiener Schlafrock an. Zunächst im Mehl wenden, dann von beiden Seiten durch die Eier, schließlich im Paniermehl wälzen. Wenn alle Scheiben eingehüllt sind, kommt der zweite Gang. Noch einmal beidseitig durch das Ei, dann wieder durch die Brotkrumen – fertig. Nach dieser Christo-Verpackung folgt nun der Garprozess – die Dinger müssen so gebraten werden, dass sie erstens gar und zweitens von einer goldgelben, knusprigen Hülle überzogen sind.

Dazu bedarf es einer wichtigen Voraussetzung: viel Fett. Nicht irgendeines, sondern Butter. Und weil Butter die Hitze nur begrenzt abkann, nehme ich Butaris. Dieses Butterfett ist hoch erhitzbar und hat gleichzeitig den vollen Buttergeschmack.

Nicht nur Fisch will schwimmen, Wiener Schnitzel wollen es auch. Deshalb zerlasse ich bei großer Hitze eine reichlich bemessene Portion Butaris in einer beschichteten Pfanne. Wenn das Fett sprudelnd aufschäumt, gebe ich so viele Schnitzel hinein, wie nebeneinander Platz finden. Drei, vier Minuten braten, dann die Wiener Filets wenden. Dabei sollten Sie darauf achten, dass immer genug Fett den Pfannenboden bedeckt. In den kommenden Minuten erhalten die Fleischscheiben auf der zweiten Seite die knusprige Hülle, die Wiener-Fans ein Leben lang süchtig macht.

Wenn nicht alle Schnitzel im ersten Durchgang Platz gefunden haben, dann ist jetzt die zweite Mannschaft mit frischer Butaris dran, die Erstgebratenen werden derweil im Backofen heiß gehalten. Und wenn während der zweiten Bratrunde schon eines dieser Schnitzelchen den Weg in den Mund des Kochs findet, so hat das nichts mit Genusssucht, sondern lediglich mit Endkontrolle zu tun.

Desserts

Birne Helene

Zutaten (4 Personen):

200 g	Bitterschokolade
500 g	Zucker
40 g	Zucker
0,5 l	Wasser
0,25 l	Sahne
0,25 l	Milch
0,1 l	Wasser
5	Williams Christ Birnen
1	Vanilleschote
5	Eigelb

Ich möchte heute mit Ihnen gemeinsam den Bogen vom Hochsommer zur kühleren Jahreszeit schlagen und kombiniere dafür Vanilleeis mit vollreifen Birnen und einer absolut zeitlosen Schokoladensauce. Kulinarisch versierte Leserinnen und Leser haben den Braten beziehungsweise das Dessert schon längst gerochen: Es gibt Birne Helene, einen unverwüstlichen Klassiker, den angeblich Escoffier zur Premiere von Offenbachs »Die schöne Helena« kreiert haben soll.

Unverwüstlich? Dass ich nicht lache! Man nehme Birnen aus der Dose, billigstes Fabrikeis und eine industriell gefertigte Schokoladensauce. Ein solcher Nachtisch ist mit »wüst« noch freundlich umschrieben.

Hier und heute gibt es die beste Birne, die ich mir für ein solch feines Dessert vorstellen kann: Williams Christ. Gelb-grünlich bis gelb und voll mit süßem Saft ist diese Frucht ein Hochgenuss.

Die erste Aktion ist die Zubereitung der Vanille-Eiscreme. Das geht am besten in einer der kleinen Haushalts-Eismaschinen, in denen man einen halben oder ganzen Liter Eis gefrieren kann. Das Prinzip: Der Kühlmantel wird für einen Tag in den Tiefkühler gestellt. Herausnehmen, den Motor mit dem Rührspachtel aufsetzen, die Eismasse einfüllen – und in 20 Minuten haben Sie cremigstes Eis.

Das aber erfordert Vorarbeit. Die Eigelbe mit 40 Gramm Zucker aufschlagen. Milch und Sahne mit dem ausgekratzten Mark der Vanilleschote einmal kurz aufkochen lassen. Mit dem Eizucker vermischen, gut durchrühren, auf kleiner Flamme unter ständigem Rühren sacht erhitzen, dabei den Topfboden sehr sorgfältig bestreichen, damit nichts ansetzt. Wenn die Vanillesahne leicht sämig wird, den Topf sofort vom Feuer nehmen, die Grundcreme durch ein feines Sieb geben und in der Schüssel auf Eiswasser herunterkühlen. Die eiskalte Vanillesauce in der Eismaschine gefrieren.

Nun zu den Birnen. Ich habe fünf eingekauft, da ich ein Exemplar als Versuchskaninchen betrachte. An ihr teste ich, ob die edlen Früchte gar sind. Pochiert werden sie in einer Mischung aus Zucker und Wasser halb und halb. Die Zutaten koche ich auf, gebe die ausgekratzte Vanilleschote mit hinein und lasse den Läuterzucker zwei Minuten durchkochen.

Dort hinein kommen die präparierten Birnen: Vom Blütenansatz her das Gehäuse ausstechen, die Früchte mit dem Sparschäler schälen. Der »Pinsel« bleibt für die Optik dran. Die Birnen im Läuterzucker eine gute Viertelstunde sanft pochieren. Birne fünf dient dabei als Testobjekt. Ein Stückchen Frucht in den Mund geschoben gibt zuverlässig Auskunft über den Fortschritt der Aktion. Im Sirup abkühlen lassen, dann herausheben und stehend auf tiefen Tellern anrichten. Dazu gibt es ein bis zwei Kugeln Vanilleeis sowie Schokoladensauce, die so zubereitet wird: Zwei hochwertige Tafeln Bitterschokolade zerbröckeln und in 0,1 Liter Wasser sacht erhitzen, dabei ständig rühren. Die Sauce ganz kurz aufkochen,

dann abkühlen lassen. Schnapsdrosseln aromatisieren mit etwas Rum oder Cognac.

Ob die Sauce heiß, lauwarm oder kalt über die Birne und das Eis gegossen wird, überlasse ich Ihrem Geschmack. Der Dreiklang von Birne, Schokolade und Vanilleeis wird in jedem Fall überzeugen – nicht nur die Helenes am Tisch.

Crème brûlée

ein süßer Eierstich mit knuspriger Kruste

Zutaten (4 Personen):

- 50 g Zucker
- 0,2 l Sahne
- 0,1 l Milch
- 1 Vanilleschote
- 2 Eier
- 1 Eigelb
- brauner Zucker

Zu den Dessert-Hits der jüngsten Zeit gehört die Crème brûlée, die gebrannte Creme. Manche Wirte bezeichnen den Nachtisch auch als Creme Katalan, die Ursprünge dieser cremigen Versuchung liegen wohl in Katalonien. Untersucht man das Dessert auf seine Bestandteile, dann lässt sich das Ganze auch als süßer Eierstich mit knuspriger Kruste charakterisieren. Und wer sich mit der Kocherei ein bisschen auskennt, der entdeckt schnell Parallelen zur Creme Karamell.

Die Crème brûlée ist wie ihre Verwandten kein Dessert light. Eier, Zucker, viel Sahne – das bringt Speck auf die Rippen. Aber hier ist es wie mit Kohl und Pinkel: Lieber selten, dafür aber richtig schön fett.

Die Creme ist schnell gemacht: Das Mark aus der Vanilleschote auskratzen und mit Milch und Sahne aufkochen. Die ganzen Eier und das Eigelb mit dem Zucker aufschlagen. Die etwas abgekühlte Sahne mit dem Eizucker vermischen und durch ein Sieb geben.

Diese Grundcreme fülle ich nun in feuerfeste Förmchen. Ideal sind Portions-Gratinformen von zehn bis zwölf Zentimetern Durchmesser, wie es sie in Haushaltswarengeschäften und Küchenläden gibt. Etwa ein bis zwei Zentimeter hoch steht die sahnige Creme in den Formen. Im Wasserbad gare ich dann den »Eierstich«. Als Faustregel gilt: Kochend heißes Wasser angießen, den Ofen auf 200 Grad vorheizen, in zwanzig Minuten ist die Creme gestockt.

Aus dem Wasserbad fischen, ohne dass Wasser in die Creme läuft, das wäre einfach zu schade. Das unvollendete Dessert abkühlen lassen und anschließend in den Kühlschrank stellen. Damit wäre die kalte Hälfte erledigt.

Die gebrannte Creme hätte ihren Namen jedoch nicht verdient, käme jetzt nicht noch eine heiße Komponente ins Spiel. Die besteht aus braunem Zucker und gewaltiger Hitze. Ich hole also meine Formen mit der gut durchgekühlten Creme aus dem Eisschrank und bestreue die Pracht nicht zu dünn mit braunem Zucker.

Damit dieser schön knusprig wird, braucht es ein kräftiges Feuerwerk von oben, die Oberhitze eines Haushaltsbackofens reicht dafür nicht aus. Gut dran sind Sie, wenn in Ihrem Ofen eine starke Grillschlange montiert ist. Dann schieben Sie die Förmchen möglichst dicht unter den Grill und gaben Vollgas. Eine Crème brûlée ist dann perfekt, wenn der Zucker karamellisiert und heiß-knusprig ist und damit den schönen Kontrast zur kühlen Creme entwickelt. Es muss also sehr schnell gehen, damit die Creme nicht auch mit erhitzt wird.

Manche Köche greifen auch zum Gasbrenner aus dem Baumarkt und rücken mit offener Flamme dem braunen Zucker auf die Pelle. Kritische Zungen wollen festgestellt haben, dass diese Tortur sich nachteilig auf den Geschmack auswirken würde. Doch bevor ich gar keine gebrannte Creme bekomme, würde ich auch das Schweißgerät rausholen.

Hauchdünne Crêpes

mit würziger Apfel-Calvados-Füllung und Zimtsahne

Es ist komisch, vor manchen Rezepten und Zubereitungen haben ungewöhnlich viele Hobbyköche und Hausfrauen richtig Bammel. Die Sauce Hollandaise gehört genauso dazu wie ein Filet Wellington oder ein Soufflé. Ebenfalls mit einem gewissen Respekt stehen die Kochkünstler am heimischen Herd vor der Aufgabe, Crêpes zu backen, jene hauchdünnen Pfannkuchen, mit denen man so herrliche Sachen von süß bis salzig anstellen kann. Das Grundrezept für ein Dessert für vier Personen:

Aus den angegebenen Zutaten rühre ich zunächst einen homogenen Teig, der zugedeckt mindestens eine Stunde lang ruhen sollte. So kann das Mehl ausquellen, anschließend wird dieser halbflüssige Teig mit dem Schneebesen noch einmal gründlich durchgearbeitet.

Statt Butter nehme ich als Fett Butaris, weil das geklärte Butterfett viel unempfindlicher gegen große Hitze ist. Das hat beim Backen den Vorteil, dass die Teigfladen nicht so schnell schwarz werden.

Unbedingte Voraussetzung für gelungene Crêpes ist eine beschichtete oder eine sehr gut eingebratene gusseiserne Pfanne. In fast allen Fällen wird das Erfolg versprechende Geschirr die Teflonpfanne sein.

Ein ganz bisschen Butaris hinein, bei mittlerer Hitze eine Kelle des gut aufgerührten Teigs hineingeben. Dieser Handgriff ist vor jedem neuen Teigfladen wichtig, damit die Zutaten sorgfältig vermischt bleiben.

Wenn sich der Crêpe mit einem Pfannenwender ohne größere Anstrengung vom Pfannenboden lösen lässt, so können Sie ihn umdrehen. Vorsichtige Naturen machen das mit dem Wender, Artisten oder Spaßvögel drehen das Ding in hohem Bogen aus der Pfanne geschleudert um. Kann schon sein, dass Sie dann renovieren müssen.

Im Laufe der Backzeit bekommen Sie den Bogen bestimmt raus. Auch die richtige Temperatur, damit die Pfannkuchen nicht zu blass und nicht zu dunkel werden. Alle fertigen Crêpes im Backofen auf einem großen Essteller warm halten.

Die Äpfel schälen, entkernen und in Spalten schneiden. Zitronensaft und Butter in einer Pfanne erhitzen, Calvados, Zucker, geröstete Mandelsplitter und Rosinen zugeben, dann die Apfelspalten. Nicht zu weich dünsten. Mit Zimt abschmecken. Etwas abkühlen lassen und auf den Crêpes verteilen.

Dazu gibt es steif geschlagene Sahne, die mit ganz wenig Zucker und mehr Zimt abgeschmeckt wird. Ein paar Minuten später fühlen Sie sich fast wie Gott in Frankreich.

Grundrezept (Teig):

125 g	Mehl
25 g	flüssiges Butaris
25 g	Zucker
0,25 l	Milch
0,1 l	Wasser
3	Eier
1	Eigelb
1	Prise Salz

Für die Füllung:

250 g	Boskop-Äpfel
50 g	Rosinen
50 g	Mandelsplitter
0,2 l	Sahne
2 cl	Calvados
1 TL	Butter
1	Zitrone
	Zimt

Komposition aus Erdbeeren

Vanillesauce, gerösteten Mandeln und Minze

Zutaten (4 Personen):

500 g	Erdbeeren
50 g	gehobelte Mandeln
0,25 l	Milch
0,25 l	Sahne
3 EL	Zucker
1	Vanilleschote
4	Eigelb
	Zitrone
	frische Minze

Bei mir gibt es heute Erdbeersuppe. Sie haben richtig gelesen: Ich verarbeite die Früchte zu einem wunderbaren Dessert, das gleich mehrere Aromen zu einer hinreißenden Kombination vereint. Erdbeere plus Vanille plus Mandel plus Minze heißt das Rezept und das Ergebnis kann sich schmecken lassen.

Die Erdbeeren werden gewaschen, geputzt und je nach Lust und Laune halbiert, geviertelt oder in Scheiben geschnitten. Mit einem Esslöffel Zucker und etwas Zitronensaft marinieren. Für die Vanillesauce Sahne und Milch mit der aufgeschlitzten Vanilleschote aufkochen. Das Mark aus der Schote kratzen und in die Flüssigkeit geben. Die Eigelbe mit zwei Esslöffeln Zucker aufschlagen, die etwas abgekühlte Vanillesahne zufügen und alles wieder in den Topf zurückgeben.

Die folgende Prozedur kennen Sie inzwischen schon von der Herstellung der Sauce Hollandaise oder von Eis-Grundmasse. Es gilt nun das Ei-Sahne-Gemisch so lange zu erhitzen, bis eine Bindung eintritt.

Wer dann weiter Gas gibt, hat alsbald Pudding im Topf. Um das zu verhindern, arbeiten vorsichtige Naturen mit dem Wasserbad, erfahrene Köchinnen und Köche arbeiten ohne diesen Umweg, benutzen aber ihren (frisch gewaschenen) Zeigefinger als sensibles Instrument zur Temperaturkontrolle. So lange Sie Ihren Finger noch ohne ein geringstes Schmerzempfinden in die Sauce halten können, ist keine Gefahr im Verzuge.

Sobald die Flüssigkeit etwas sämiger wird, den Topf sofort vom Herd oder aus dem Wasserbad nehmen und die Vanillesauce durch ein feines Sieb geben.

Es folgt die Präparierung der beiden Nebendarsteller Mandeln und Minze. Die gehobelten Mandelblätter werden in einer beschichteten Pfanne ohne Fettzugabe goldgelb angeröstet. Auf keinen Fall dürfen sie schwarz werden, denn Verbranntes schmeckt bitter und alles andere als lecker. Die Minze aus dem Garten, aus den Töpfen vom Gemüsehändler oder als Bund vom Markt waschen, abtrocknen, zupfen und hacken.

Der Rest ist eine Kleinigkeit. Die Erdbeeren in tiefe Teller geben, mit der noch warmen Vanillesauce um- und übergießen, schließlich Früchte und Sauce mit gerösteten Mandeln und frischer Minze bestreuen. Da langen selbst die Suppenkasper richtig hin.

Auf etwas kurz geratenen CDs gibt es hin und wieder Bonus-Tracks, so soll es heute auch bei »Pott & Pann« sein. Als Nachschlag in der Erdbeer-Abteilung serviere ich Ihnen eine köstliche Kombination aus Erdbeeren und Orangen. Die Erdbeeren wie oben beschrieben mit Zucker und Zitrone präparieren. Als »Geschmacksturbo« füge ich jetzt ein paar Orangenfilets, etwas Orangensaft und ein wenig abgeriebene Schale der unbehandelten Apfelsinen hinzu. Und siehe da: Orangen schmecken nicht nur zur Weihnachtszeit.

Petits Fours

mit Erdbeeren ersetzen das Dessert und schmecken zum Kaffee

In den besseren Restaurants werden nach Abschluss eines Menüs zum Kaffee oftmals kleine Häppchen aus Blätter- oder Mürbeteig gereicht, die mit frischem Obst und/oder leckeren Cremes gefüllt sind. Petits Fours werden diese Teilchen genannt, die auch dann noch Liebhaber finden, wenn der Hunger eigentlich gestillt ist.

Ich möchte heute mit Ihnen ein paar solcher Petits Fours herstellen, die auch auf dem Tisch eines privaten Gastgebers mächtig Eindruck schinden. Allerdings machen sie auch Arbeit, das soll nicht verschwiegen werden.

Außer den Zutaten für Teig und Belag brauchen Sie kleine Förmchen und Linsen. Die Förmchen gibt es in gut sortierten Küchenläden. Und die Linsen? Die werden vor dem Backen auf den Teig gefüllt und danach wieder entfernt. Blindbacken nennen das die Fachleute. Die Teigmenge reicht für mehr als eine Portion Petits Fours, was Sie aktuell nicht benötigen, kann eingefroren und später verwendet werden.

Zunächst sieben Sie das Mehl auf eine Arbeitsfläche und formen in der Mitte eine Mulde. Dort hinein geben Sie die zimmerwarme Butter, das Ei, das ausgekratzte Mark der Vanilleschote, das Salz und den Puderzucker. Nun sollte alles möglichst schnell gehen. Gründlich vermischen und trotzdem nicht viel kneten – das ist das eine Geheimnis von gutem Mürbeteig. Das zweite: Den als Kugel geformten Teig fest in Klarsichtfolie einhüllen und über Nacht im Kühlschrank ruhen lassen.

Am nächsten Tag auf einer bemehlten Arbeitsfläche – am besten eine Marmorplatte – den Teig ausrollen. Portionen ausstechen, die etwas größer als die Förmchen sind. Diese damit auskleiden, oben am Rand aufschneiden. Die kleinen Linsen einfüllen und die Törtchen bei 200 Grad etwa zehn Minuten backen. Auskühlen lassen und die Linsen herausschütten.

Die Mürbeteigtorteletts werden nun mit flüssiger Schokolade ausgestrichen, damit die Obstfüllung den Teig nicht aufweicht. Das sauber geputzte und zerkleinerte Obst von Erdbeeren bis Kiwi in die Formen geben und mit aufgelöster Aprikosenmarmelade bepinseln. Das gibt dem Obst einen feinen Glanz.

Diese Form der Petits Fours war die »Light«-Version. Professioneller sind die kleinen Obsthappen, wenn zwischen Schokolade und Obst noch eine Schicht Vanillecreme gegeben wird.

Die Eigelbe mit etwas Milch und dem Mondamin sorgfältig mischen. Die restliche Milch mit dem Vanillemark und dem Zucker aufkochen. Nun die Mondamin-Mischung noch einmal aufrühren und unter die kochende Milch geben. Mit dem Schneebesen sorgfältig rühren, damit die Pracht nicht ansetzt. Durcharbeiten, bis eine glatte Creme entsteht.

Nach dem Erkalten die Haut beiseite schieben und die Creme in die Törtchen füllen. Nun folgen, wie bei der einfacheren Version, Obst und Glasur. Die kleinen, feinen Stückchen bitte nicht einfach wegfuttern, sondern mit einer gewissen Achtung genießen. Denn so klein die Dinger auch sind, so viel Arbeit machen sie. Aber eben auch Eindruck.

Grundrezept (Teig):

400 g	Mehl
200 g	Butter
125 g	Puderzucker
1	Ei
1	Prise Salz
1/2	Vanilleschote

Für die Creme:

50 g	Zucker
0,25 l	Milch
1 EL	Mondamin
2	Eigelb
1/2	Vanilleschote

In Riesling gedünstete Äpfel

mit einem Sabayon und gerösteten Mandelsplittern

Zutaten (4 Personen):

100 g	Zucker
0,25 l	Riesling
1 EL	Zucker
4	Äpfel
4	Eigelb
	Zimt
50 g	Mandelsplitter

In vielen Gärten leuchten jetzt rotbackige Äpfel über den Zaun. Da kaum noch ein Lausbub Äpfel klauen geht, müssen Sie schon selbst ans Gerät, sprich die Ernte aus dem eigenen oder fremden Garten einfahren. Bevor Sie sich jedoch Ärger mit dem Nachbarn einhandeln, schlage ich vor einem hinterhältigen Mundraub den Gang zum Obsthändler vor.

Äpfel stehen heute im Mittelpunkt meines Rezeptvorschlags. Die möchte ich mit Ihnen in Riesling dünsten und mit einem Sabayon, einer Weinschaumsauce übergießen. Und damit es auch noch etwas zu beißen gibt, bestreue ich den leckeren Nachtisch mit gerösteten Mandelsplittern.

Als Äpfel sind säuerliche Vertreter ihrer Zunft geeignet. Sie sollten darüber hinaus beim Dünsten nicht zu schnell vom Aggregatzustand fest in Apfelmus übergehen. Gute Erfahrungen habe ich mit der Sorte Elstar gemacht. Die Äpfel werden geschält, geviertelt und entkernt, dann in einer Pfanne verteilt, Rücken nach oben. Mit etwas Zucker bestreuen. Die 0,1 l trockenen Riesling angießen, den Wein aufkochen, die Hitze dann etwas reduzieren. Deckel auf die Pfanne, die Apfelstücke in zehn bis 15 Minuten sacht gar dünsten. Über den genauen Fortschritt informiert wie immer die zuverlässige Gabel-Mund-Methode.

In der Zwischenzeit machen Sie sich schon mal über den Weinschaum her. Dafür brauchen Sie einen Schneekessel oder eine Schüssel, deren Boden sich bis in den letzten Winkel mit einem Schneebesen bearbeiten lässt. Behälter mit rechtwinkligen Kanten sind naturgemäß nicht sonderlich gut geeignet.

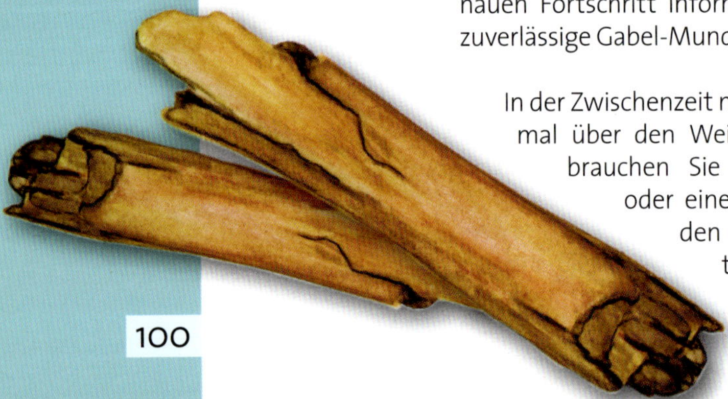

In meinen Schneekessel gebe ich die vier Eigelbe und den Zucker, vermische diese beiden Zutaten gründlich. Dann den Wein angießen und unterrühren. In einem Topf wird nun Wasser zum Kochen gebracht, über dem dabei entstehenden Dampf den Sabayon aufschlagen.

Das dauert bestimmt zehn bis 15 Minuten, also ziemlich genau die Zeit, die auch die Äpfel brauchen. Während Sie schlagen und schlagen, wird der Sabayon immer schaumiger, voluminöser und wärmer, Ihr Arm immer lahmer. Zur Entspannung halten Sie ab und zu den Finger in die Masse, damit Ihnen der schöne Weinschaum nicht zu Pudding wird. Ist das Eigelb erst geronnen, wird es nichts mehr mit der Pracht. Aber so weit lassen Sie es ja nicht kommen, denn der Kontrollfinger gibt exakt Auskunft. Den Sabayon mit Zimt abschmecken, wer aus medizinischen oder anderen Gründen auf einen Schluck Schnaps nicht verzichten mag, kann eine winzige Portion Calvados an den Schnapsschaum – T'schuldigung, an den Weinschaum geben.

Die Apfelviertel auf tiefen Tellern anrichten, mit dem cremigen, etwas sämigen Sabayon um- und übergießen. Die Pracht mit Mandelsplittern bestreuen, die Sie zuvor in einer beschichteten Pfanne fettfrei angeröstet haben. Ein preiswertes, feines Dessert ganz ohne Kunst und Wissenschaft, nur Obst, Wein, Zucker und Ei.

Ostern

Thunfischmousse

mit schwarzer Olivensauce

Zutaten (4 Personen):

200 g	Thunfisch (1 Dose)
0,1 l	Fischfond
0,1 l	Sahne
5 cl	trockener Weißwein
6 EL	Olivenöl
2 EL	geschlagene Sahne
2 EL	schwarze Oliven
1 TL	Butter
1 1/2	Blatt weiße Gelatine
	Zitrone, Cayenne
	Worcester- oder Sojasauce
	Pfeffer, Salz

Heute passiert, worauf langjährige Leserinnen und Leser von »Pott un Pann« seit ewigen Zeiten lauern: Holtgrefe benutzt einen Dosenöffner. Jawohl, und in diesem Fall aus voller Überzeugung! Was allerdings sicher eine Ausnahme bleibt und ausschließlich im Sinne der Qualität ist.

Die Büchse, der ich zu Leibe rücke, beinhaltet Thunfisch, und den brauche ich für eine köstliche Vorspeise: Thunfischmousse mit einer Sauce von schwarzen Oliven. Und da fast alle Versuche zum Scheitern verurteilt sind, guten, frischen Tonno zu bekommen, greife ich zur Konserve. Auf keinen Fall zu irgend einer, denn Qualität bleibt das oberste Gebot. Der Fisch darf nicht in irgend einem dubiosen Öl dümpeln, Thunfisch nature, das heißt in wenig eigenem Saft ist genau das richtige. Die Zutatenliste gilt für vier große oder acht kleine Vorspeisen.

Wenn Sie selbstgemachten Fischfond verwenden, wird der Weißwein darin schon enthalten sein. Bei Fond aus dem Glas, der meist etwas neutraler gehalten ist, sollte etwas Wein zugefügt werden.

Den Fischfond und den Wein sehr kräftig reduzieren. Sahne zugeben und weiter einkochen lassen. Eiskalte Butter zur Bindung einschlagen. Nach Ende der Prozedur ist vielleicht noch eine halbe Tasse Flüssigkeit im Topf. Die Gelatine kalt einweichen, gut ausdrücken und in der Reduktion lösen.

Jetzt kommt die große Zeit für Ihren Mixer mit einem hoffentlich sehr scharfen Messer. Nun entscheidet sich, ob die Mousse einfach nur lecker oder himmlisch schmeckt. Das hängt nämlich wesentlich davon ab, wie fein die Masse püriert wird.

Dafür den Thunfisch mit seinem Saft in den Mixbecher plumpsen lassen, Olivenöl und die Weißweinsauce zufügen – und ab geht die Post. Das arme Ding jault jetzt fast fünf Minuten lang auf Hochtouren und zerkleinert die groben Fasern zu feinster Konsistenz. Ein Probeteelöffel (den Finger darf ich ja nicht mehr benutzen) gibt Auskunft darüber, ob das Ziel schon erreicht ist.

Mit Salz, Pfeffer, Zitrone, Cayenne und einem Spritzer Worcestersauce oder Sojasauce abschmecken und zwei Eßlöffel geschlagene Sahne unterheben. Die Schüssel in den Kühlschrank – und eine gute Stunde warten. Sie können die Mousse jedoch auch schon am Vortag eines Essens fertigstellen, dann bringt das Menü weniger Stress in der Küche.

Die Sauce ist eigentlich gar keine, begleitet die sanfte Crème jedoch vorzüglich: Die möglichst kleinen und aromatischen schwarzen Oliven entsteinen, fein hacken und mit bestem Olivenöl vermischen.

Zum Servieren mit einem in heißes Wasser getauchten Löffel Nocken abstechen und auf kühlen, flachen Tellern anrichten. Jeweils ein bißchen von der Sauce danebengießen. Wer besonders großen Hunger hat oder die Sauce aufstippen mag, bekommt frisches Baguette dazu. Wenn was übrigbleibt (bleibt wahrscheinlich nicht), schmeckt die Thunfischmousse am nächsten Tag auch auf Brot. Besser als Leberwurst allemal.

Seeteufel

mit Tomaten und Fenchelrisotto als Hauptgang im Festtagsmenü

Leicht, lecker und aromatisch ging es zum Auftakt meines kleinen Ostermenüs zu. Leicht ist nach dem Thunfischmousse auch der Hauptgang. Keine Lammkeule, kein deftiger Braten – Fisch kommt zur Feier des Tages auf den Tisch.

Doch bevor jene Zeter und Mordio schreien, die schon beim Anblick von Schuppengetier die große Angst vor Gräten befällt, gleich die Entwarnung: Es gibt zwar Fisch, aber einen ohne Gräten. Der Seeteufel hat nämlich nur eine, und die ist bei genauerer Betrachtung ein einziger großer Knorpel. Drum herum sitzt feines, weißes Fleisch, das so vorzüglich die Aromen des Mittelmeeres und des Frühlings verträgt. Es gibt Seeteufel mit Tomaten und Oliven, dazu ein Fenchelrisotto.

Wichtigster Verbündeter ist bei diesem Rezept mal wieder Ihr Fischhändler. Den Fisch mit dem erschreckend großen Kopf müssen Sie vorbestellen, der Fischhändler ist für Frische und makellose Qualität zuständig. Dazu gehört auch, dass er alle überflüssigen Häute und Anhängsel abschneidet, Ihnen einen küchenfertigen »Braten« einpackt.

Die Arbeit in der Küche beginnt mit dem Risotto. Den können Sie vorbereiten und anschließend warm halten. Den Reis in Butter glasig anziehen lassen. Die fein gewürfelten Schalotten und zwei Knoblauchzehen sowie den ebenso fein zerlegten Fenchel zufügen. Das Gemüse soll keine Farbe nehmen. Mit einem Schluck Weißwein ablöschen, dann mit der heißen Brühe portionsweise auffüllen und sorgfältig umrühren. Immer wenn der Reis die Flüssigkeit aufgenommen hat, neue Brühe nachgießen. Die gewünschte Konsistenz mit mehr oder weniger Brühe regulieren. Mit Salz, Pfeffer und Safran würzen.

Der Rest ist schnell erledigt – und das kommt der Feiertagsruhe sehr entgegen. Die hoffentlich schon sehr aromatischen Tomaten aus Sizilien oder anderen Sonnengegenden werden überbrüht, enthäutet, entkernt und in Stücke zerschnippelt. Die Oliven entsteinen und vierteln.

Nun heizen Sie Ihren Backofen auf 180 Grad vor. Der abgespülte und trocken getupfte Seeteufel wird mit Salz und Pfeffer gewürzt, dann in Olivenöl nicht zu scharf angebraten. Die Pfanne in den Ofen schieben – und zwanzig Minuten später ist der Osterbraten mit Gräte fertig.

In der Zwischenzeit geben Sie die Tomatenwürfel und die Olivenstücke und eine geschälte Knoblauchzehe mit Olivenöl in eine Pfanne und lassen alles sanft zu einer saftigen Sauce verkochen. Mit Salz, Pfeffer und Thymian würzen. Eine Prise Zucker bringt den letzten Schliff. Den Seeteufel von der Mittelgräte lösen, in Scheiben schneiden und auf vorgewärmten Tellern anrichten. Mit der Tomatensauce um- und übergießen. Daneben den Risotto platzieren.

White wine with the fish gilt auch zu Ostern, in diesem Fall kein Leichtgewicht. Ein Chardonnay aus Kalifornien oder Chile bringt die nötige Kraft mit, um gegen das Feuerwerk der Aromen anzukommen. Das Zeug dazu hätte auch ein Grauburgunder aus Baden.

Zutaten (4 Personen):

800 g	bis 1000 g Seeteufel
500 g	Tomaten
200 g	Risottoreis
100 g	schwarze Oliven
0,7 l	Hühnerbrühe
1	Knolle Fenchel
2	Schalotten
	Knoblauch
	Weißwein
	Butter
	Olivenöl
	Safran
	Thymian
	Pfeffer, Salz

Zarte Schokoladencreme

Zutaten (6 Personen):

100 g	Bitterschokolade
50 g	Zucker
0,25 l	Milch
0,25 l	Sahne
1 EL	Wasser
1	Vanilleschote
2	Eier
2	Eigelb

Nach Schokolade kann man süchtig werden. Das glauben Sie nicht? Dann beobachten Sie beim nächsten Tanken doch einmal Autofahrer, die sich an der Kasse beim Bezahlen mit ein, zwei Tafeln eindecken. Die sitzen noch nicht ganz in ihrem Wagen, und schon wird ratz-fatz dem Objekt der Begierde zu Leibe gerückt. Zucker marsch!

Es geht jedoch auch feiner als der 100-Gramm-Kick neben der Zapfsäule. Schokoladendesserts gehören zum Feinsten, was man nach einem Menü auf den Tisch bringen kann. Mousse au chocolat, Schokoladeneis, Crêpes mit Schokosauce – um nur einige Beispiele zu nennen.

Für das Ostermenü von »Pott un Pann« habe ich einen Nachtisch ausgedacht, der nicht so häufig wie die vorgenannten Desserts auf den Tisch kommt, in seiner Cremigkeit aber wohl unübertroffen ist. Es gibt einen Schokoladentopf, der im Wasserbad gegart und dann mit Genuss ausgelöffelt wird.

Die Sache beginnt mit goldgelbem Karamell. Den erzeugen Sie, indem der Zucker mit dem Wasser in einer Kasserolle geschmolzen wird. Bitte nicht zu braun werden lassen! Den Karamell mit Sahne und Milch aufgießen und das ausgekratzte Mark der Vanilleschote zufügen. Aufkochen lassen, der karamellisierte Zucker soll sich dabei vollständig lösen. In die etwas abgekühlte Flüssigkeit bröckeln Sie nun die Schokolade. Aber bitte nicht irgendeine, schon gar keine Schokoladen-Osterhasen.

Das Beste ist gerade gut genug, eine feine Bitterschokolade mit hohem Kakaoanteil sollte es sein. Sorgfältig in der Zucker-Sahne-Mischung schmelzen.

In einer Schüssel die beiden ganzen Eier und die beiden Eigelbe sorgfältig verrühren. Die Schokoladencreme durch ein feines Sieb zu den Eiern geben und die Masse gründlich durcharbeiten, damit eine möglichst glatte Creme entsteht. Die wird in sechs Timbaleförmchen, Auflaufförmchen oder auch in Tassen gefüllt. Lassen Sie am oberen Rand ruhig ein bisschen Platz, dann kann das Dessert später mit frischen Früchten, zum Beispiel Ananas, gekrönt werden.

Damit aus der dickflüssigen Eier-Schokomilch eine zarte, halbfeste Creme wird, muss sie gegart werden. Das geschieht im Wasserbad im Backofen und dauert rund 20 Minuten. Dafür zunächst den Ofen auf 180 Grad vorheizen. Die mit Creme gefüllten Töpfchen in eine hochwandige Reine stellen und kochendes Wasser bis etwa fingerbreit unterhalb des Förmchenrandes angießen. In den Ofen schieben – und abwarten.

Das Wasser des Bades sollte immer um die 80 Grad haben, dabei bindet das Ei-

weiß in der Masse. Erwarten Sie aber bitte keinen Schokoladenpudding, den man mit Schwung auf den Teller stürzen kann, Sie haben etwas ganz Feines, fast Zerbrechliches in Ihren Töpfchen. Damit die Oberfläche keine Haut bekommt, können Sie die Förmchen zur »Halbzeit« mit Alufolie abdecken. Bitte bei allen Aktionen darauf achten, dass kein Wasser in die Schokoladencreme schwappt.

Die Förmchen vorsichtig mit einem Pfannenwender aus dem Wasserbad nehmen. Auskühlen lassen und bis zum Servieren in den Kühlschrank stellen. Dazu passen eine Vanillesauce, Fruchtsaucen, geschlagene Sahne und – weil Ostern ist – auch ein Schuss Eierlikör.

Gebratenes Kabeljaufilet

mit einem lauwarmen Kartoffel-Radieschen-Salat

Zutaten (4 Personen):

- 350 g Kabeljaufilet
- 400 g Kartoffeln
- 1 Bund Radieschen
- Weißweinessig
- mittelscharfer Senf
- Olivenöl
- Traubenkernöl
- Walnuss- oder Kürbiskernöl
- Schnittlauch
- Petersilie
- Estragon
- Kerbel
- Pfeffer, Salz

Kaum sind die Christbaumkugeln verstaut und die Pfunde der Weihnachtsvöllerei wieder abtrainiert, schon naht der nächste Festtagstermin. In zwei Wochen ist Ostern, und da Sie aus dem Alter für die Eiersucherei vermutlich heraus sind, versuche ich, Ihnen mit einem leichten und sehr schmackhaften Menü das Osterfest zu verschönern.

Obwohl die Feiertage in diesem Jahr sehr früh liegen, hat sich am Markt nach den langen Wintermonaten schon einiges getan. Allein die vielen Kräutertöpfe bei den Gemüsehändlern machen richtig Lust auf die Küche der wärmeren Jahreszeit.

Das Ostermenü beginnt mit Fisch und Salat. Präziser formuliert: Es gibt gebratenes Kabeljaufilet mit einem lauwarmen Salat von Kartoffeln und Radieschen. Verbunden wird beides von einer Vinaigrette, die mit vielen Kräutern verfeinert ist. Da es sich um eine Vorspeise handelt, fallen die Portionen naturgemäß nicht so üppig wie bei einem Hauptgang aus. Was andersherum allerdings die Verdopplung der Mengen erfordert, wenn Sie dieses Gericht als einziges einer Mahlzeit servieren möchten.

Der Fischhändler hat sicher frischeres als frisches Kabeljaufilet für Sie. Pro Nase reichen achtzig Gramm, bitte vor dem Braten noch einmal abspülen, abtrocknen und auf Gräten abtasten.

Doch zunächst geht es an den Kartoffel-Radieschen-Salat. Dafür pro Nase drei Kartoffeln in der Schale abkochen. Dafür eignen sich kleine Linda oder eine aromatische neue Kartoffel – da ist der Rat Ihres Gemüsehändlers gefragt. Die Kartoffeln pellen und in Scheiben schneiden. Pro Esser zwei bis drei Radieschen in dünne Scheiben oder Stifte schneiden.

Das verbindende Element für alle Zutaten des Essens ist eine Vinaigrette. Dafür feinen Weißweinessig mit Salz und Pfeffer vermischen, dann eine Portion mittelscharfen Senf unterrühren. Erst danach wird das Öl oder werden die Öle eingearbeitet. Je nach gewünschtem Charakter der Vinaigrette verwenden Sie Oliven- oder Traubenkernöl. Olivenöl ist ausdrucksstärker, Traubenkernöl eher neutraler. Zur weiteren Akzentuierung können Sie noch in kleinen bis kleinsten Mengen Walnuss- oder Kürbiskernöl unterheben. Wobei die Betonung auf dem Wort »oder« liegt. Doppelt hält in diesem Fall nicht besser. Noch ein Tipp für Saucen-Neulinge: Das Mengenverhältnis zwischen Essig und Öl sollte etwa eins zu vier betragen. Und: Abschmecken nicht vergessen. Wer die Sauce etwas flüssiger haben möchte, gießt etwas

was Brühe an. Nun die Kräuter waschen, ausschleudern, zupfen, fein hacken und unter die Vinaigrette heben. Die Mengen bestimmen ganz allein Sie. Diese Salatsauce mit den Kartoffeln und Radieschen vermischen.

Und jetzt kommt's: Ich stelle den Topf mit dem Salat in ein Wasserbad und lasse ihn bei ganz milder Hitze eine halbe Stunde lang durchziehen. Dabei ein paar Mal vorsichtig durchrühren. Diese Prozedur führt dazu, dass die Kartoffeln einen Teil der Vinaigrette aufnehmen, dadurch schmecken sie unvergleichlich gut. Und wenn Sie genug Vinaigrette angerührt haben, dann reicht der Rest, den die Kartoffeln nicht schlucken, immer noch für den Fisch.

Den braten Sie in der Zwischenzeit ganz sanft in etwas Butter in einer beschichteten Pfanne. Das dauert zwei bis drei Minuten, Salz und Pfeffer drüber, das war's auch schon. Den Fisch auf vorgewärmten Tellern anrichten, den Salat mit der Vinaigrette dazugeben, und dann kann der Osterhase kommen. Vielleicht bringt er ja einen gut gekühlten Weißburgunder mit, der würde prima zur Vorspeise passen. Vor allem dann, wenn Sie wirklich einen feinen Essig und keine scheußliche Essigessenz für die Vinaigrette verwendet haben.

Geschmorte Kaninchenkeulen

mit jungem Knoblauch und viel Gemüse als Hauptgang im Festtagsmenü

Zutaten (4 Personen):

- 4 Kaninchenkeulen
- 0,2 l Weißwein
- 0,1 l Sahne
- 8 Schalotten
- 4 Stangen Staudensellerie
- 2 Karotten
- 2 Tomaten
- 1 Knoblauchknolle
- Spätzle
- Butter
- Senf
- Butaris
- Pfeffer, Salz

Ende Januar war Hasensilvester. Das heißt, Meister Lampe hat ab dann Schonzeit. Schließlich muss er sich ja auf die wichtigste Aufgabe des Jahres vorbereiten, ganz viele Kinder wollen schließlich Ostereier suchen und finden. Wer zum Osterfest einen Hasen auf den Tisch bringen will, muss schon in die Tiefkühltruhe greifen.

Doch ich habe eine viel bessere Alternative: Servieren Sie doch Kaninchen. Das bedeutet mageres Fleisch, das alle Aromen bereitwillig annimmt. Im Idealfall stammt der Stallhase aus bäuerlicher Aufzucht, wurde vor zwei Tagen vielleicht noch mit vierblättrigen Kleeblättern gefüttert. Viele Gefügelhändler haben inzwischen auch Hauskaninchen im Angebot.

Ich nehme für mein Osteressen allerdings kein ganzes Tier mit seinem meist schamhaft verhüllten Kopf, sondern vier Keulen, da das Fleisch gleichmäßiger gart, wenn die Portionen gleich groß sind. Bei Rücken und Keulen gemeinsam in einem Topf ist das ein bisschen problematisch. Da ist der Rücken schon knochentrocken, wenn die Keulen noch nicht gar sind.

Mit der Präparation des Gemüses geht es los. Den jungen Knoblauch in die einzelnen Zehen zerlegen und die Häute entfernen. Bitte nehmen Sie ausschließlich eine junge Knolle, die alte Ware ist penetrant und würde das schöne Essen in dieser Menge ruinieren. Junger Knoblauch ist auch in rauen Mengen nie aufdringlich.

Den Staudensellerie putzen und in Scheiben schneiden. Karotten schälen und fein würfeln. Die Schalotten pellen und ebenfalls

in Würfel zerlegen. Schließlich die Tomaten überbrühen, häuten, entkernen, das schiere Fruchtfleisch würfeln – fertig ist das Tomaten-Concassée. Die Kaninchenkeule abspülen, trocken tupfen, mit mittelscharfem Senf einpinseln und mit Salz und Pfeffer würzen. Nun ist alles vorbereitet und die eigentliche Kocherei kann beginnen.

Zunächst in einem Schmortopf Butaris zerlassen und darin die Kaninchenkeulen goldbraun anbraten. Das Fleisch herausnehmen und das Bratfett wegschütten. Nun Butter in den Bräter geben und darin bei nicht zu starker Hitze den Sellerie, die Schalotten, die Knoblauchzehen und die Karottenwürfel anziehen lassen. Die Tomatenwürfel zufügen und den Weißwein angießen. Einmal aufkochen, dann die Kaninchenkeulen mit in den Topf geben. Deckel drauf, die Platte auf kleine Hitze schalten, eine halbe Stunde bis 40 Minuten sanft schmurgeln lassen.

Dann fischen Sie die Keulen heraus und lassen diese etwas abkühlen. In der Zwischenzeit gießen Sie einen Becher Sahne an den Gemüsesumpf und reduzieren die Sauce etwas. Mit Salz, Pfeffer und vor allen Dingen Senf abschmecken.

Die Servicewüste Deutschland hat heute Ruhetag, deshalb bieten Sie Ihren Gästen eine ganz besondere Dienstleistung: Während die Sauce vor sich hin dampft, lösen Sie das Kaninchenfleisch von den Keulen. Das macht wenig Arbeit, erleichtert aber den Verzehr am Tisch ungemein. Das schiere Fleisch zum Gemüse geben und wieder erhitzen.

Das war's auch schon, wenn Sie inzwischen Spätzle gekocht, die Teller vorgewärmt und eine Flasche badischen Spätburgunder, einen Chianti classico oder einen besseren Beaujolais geöffnet haben. Frohe Ostern! Das gilt vor allem für alle Hasen, die fröhlich von dannen hoppeln können, während Sie sich mit der Version mit den kurzen Löffeln vergnügen.

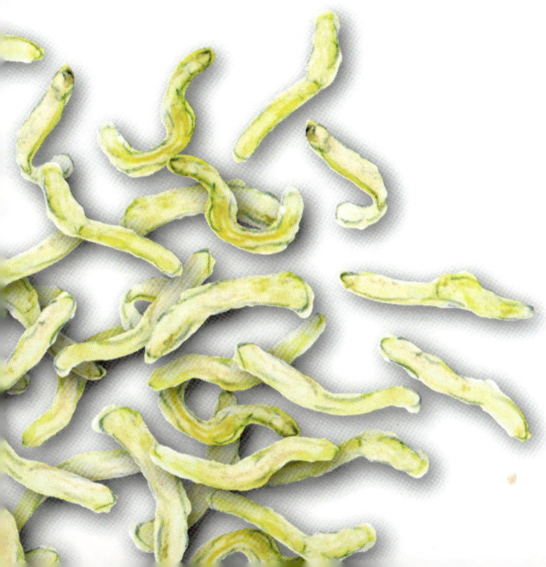

Quark-Soufflé

mit einer Sauce von Orangen oder rosa Grapefruits als Ausklang des Ostermenüs

Zutaten (4 Personen):

60 g	Magerquark
40 g	Zucker
30 g	Butter
4	Orangen oder rosa Grapefruits
3	Eiweiß
2	Eigelb
1	Limette

Allein das Wort »Soufflé« treibt Hausfrauen wie Hobbyköchen den Schweiß auf die Stirn. Altmeister Wolfram Siebeck hat es schon in den siebziger Jahren in den düstersten Farben ausgemalt, welche Blamage ein zusammengefallenes Soufflé für den Koch ist – und gleich ein narrensicheres Rezept mitgeliefert.

Neben einem narrensicheren Rezept spielt auch die Größe der verwendeten Förmchen eine Rolle. Ist beispielsweise ein Soufflé mit Grand Marnier in einer Schüssel mit großem Durchmesser ein ziemlicher Nervenkitzel, so kann man bei der Zubereitung in kleinen, sprich Formen von sechs bis acht Zentimetern Durchmesser ziemlich entspannt bleiben. Schweißperlen auf der Stirn überflüssig.

Als Abschluss im Ostermenü habe ich für Sie ein solches Soufflé vorbereitet. Es gibt eine Version mit Quark, dazu als Verbeugung vor dem scheidenden Winter eine Orangensauce. Wenn Ihnen die Apfelsinen inzwischen vielleicht schon zu strohig sind, dann greifen Sie zur rosa Grapefruit mit ihrer spannenden Kombination von Säure und Süße.

Die Eier trennen, drei Eiweiße mit der Hälfte des Zuckers (20 Gramm oder ein gehäufter Esslöffel) steif schlagen. Die beiden Eigelbe mit den zweiten 20 Gramm aufschlagen, etwas Schale von der unbehandelten Limette zufügen. Das bringt eine wunderbar frische Note und dazu noch ein paar grünliche Sprengsel im Nachtisch. Den Magerquark mit der Eigelbmasse glatt rühren und schließlich das Eiweiß unterheben. Ihre Soufflé-Förmchen – seien es Espressotassen, Timbale-Formen oder kleine feuerfeste Keramik – mit flüssiger Butter auspinseln, Zucker einfüllen, einmal drehen bitte und den überschüssigen Zucker wieder auskippen. Die Formen haben nun eine hauchdünne Zuckerschicht bis an den oberen Rand, so lässt sich die Pracht später besser stürzen. Die Förmchen bis höchstens drei Viertel füllen, einmal leicht auf die Tischplatte aufstoßen, dann in eine Reine oder einen großen Topf stellen. Vorsichtig kochendes Wasser angießen, den Topf oder den Bräter dann in den auf 190 Grad vorgeheizten Ofen stellen.

Jetzt steigt nicht nur die Spannung, sondern innerhalb der nächsten gut zwanzig Minuten auch das Soufflé. Allzu neugierige Naturen seien davor gewarnt, die Ofentür alle naselang einen Spalt weit auf- und wieder zuzumachen, um nach dem Rechten zu sehen. Soufflés hassen Zugluft und quittieren solche manchmal damit, dass die Luft raus ist, bevor sie wirkungsvoll serviert wird.

Passiert Ihnen natürlich nicht, denn ich habe Sie gewarnt. Die Förmchen aus dem Wasserbad nehmen, ohne sich die Finger zu verbrennen. Am besten geht das mit einem ganz dünnen Pfannenwender oder einer Palette. Die Formen dann mit dem Topflappen anfassen, mit dem Messer einmal am Rand entlangfahren und die Soufflés eines nach dem anderen in die Mitte von tiefen Tellern stürzen.

Nun gießen Sie nur noch die Sauce an und geben die Filets von Orangen oder Grapefruits dazu. Für die Sauce zwei Apfelsinen oder Grapefruits auspressen, den Saft mit 40 Gramm Butter und einem Esslöffel Zucker aufkochen. Die übrigen zwei Südfrüchte filetieren, das schiere Fruchtfleisch mit der Sauce servieren.

Weihnachten

Burger von Lachs

mit Kurkuma-Beurre-blanc als erster Gang im Festmenü

Zutaten (6 Personen):

600 g	Lachsfilet
100 g	Karotte
100 g	Staudensellerie
100 g	Lauch
20 g	Butter
2 EL	Wasser
1	Eiweiß
	Zitrone
	Pfeffer, Salz

Für die Sauce:

150 g	Butter
0,2 l	Weißwein
4	kleine Schalotten
	Kurkuma
	Pfeffer, Salz

Wenn Sie heute auf den Kalender schauen und dort den 1. Advent erspähen, dann wissen Sie, was die Stunde geschlagen hat. Es ist höchste Eisenbahn, sich Gedanken über den Speiseplan am Weihnachtsfeiertag zu machen. Vorspeise, Hauptgang, Dessert – da müssen wir heute beginnen, wenn das Menü rechtzeitig komplett aufgeschrieben sein soll.

Crossover ist in aller Munde, nicht nur, weil eher unbedeutende Politiker vom linken Rand unbedeutenden Käse aufgeschrieben haben. Crossover nennt sich auch eine Küchenrichtung, die Kulinarisches der unterschiedlichen Kulturen verbindet. Dort ein bisschen Asien, hier eine Portion deutsche Küche, als Abrundung ein Hauch Kalifornien – so oder so ähnlich funktioniert es.

Als Vorspeise habe ich einen Burger von Lachs und Gemüse mit einer Kurkuma-Beurre-blanc vorbereitet. Und weil an den Festtagen der Kreis der Mitesser meist ein bisschen größer ist, sind die Rezepturen für das Weihnachtsmenü für sechs Personen berechnet.

Beim Thema Burger denken Sie vielleicht zunächst an das Spezialitätenrestaurant mit dem goldenen M, aber weit gefehlt, hier geht es um feine Küche. Das schiere Lachsfilet sehr fein würfeln oder – wenn Sie ein wirklich scharfes Messer haben – zunächst würfeln und dann hacken. Die Gemüsesorten putzen, erst in Scheiben, dann in Streifen, schließlich in winzige Würfel, so genannte Brunoise, schnippeln. Bequeme Weihnachtsmänner und -frauen zerkleinern die Gemüse in der Moulinette – aber bitte nicht zu Babybrei!

Die Gemüsewürfelchen in etwas Butter anziehen lassen, zwei Esslöffel Wasser zufügen, zwei Minuten köcheln, bis das Wasser verkocht ist. Die so präparierten Gemüse etwas abkühlen lassen, in der Zwischenzeit das Eiweiß anschlagen, jedoch nicht steif schlagen.

Die Lachswürfel mit dem Gemüse und dem Eiweiß vermischen, den Teig mit Salz, Pfeffer und Zitrone würzen. Portionsweise zu kleinen Frikadellen formen und schließlich vorsichtig platt wie die Hamburger-Bratlinge drücken. Durchmesser etwa acht Zentimeter, ungefähr einen Zentimeter dick. Zwischen Pergament im Kühlschrank aufbewahren. Bis zu diesem Punkt können Sie die Vorspeise übrigens gut vorbereiten, die Restarbeiten folgen, wenn die Gäste bereits am Tisch sitzen.

Die Schalotten pellen und in feine Würfel schnippeln. Diese mit dem Wein aufkochen und bei mittlerer Hitze langsam einkochen lassen. Wenn noch zwei bis drei Esslöffel Flüssigkeit übrig sind, diese durch ein feines Sieb geben, die eiskalte, gewürfelte Butter mit dem Schneebesen unterschlagen, die Buttersauce mit Salz und Pfeffer sowie einem gestrichenen Teelöffel Kurkuma würzen.

Damit es ein Burger wird, schneiden Sie gutes Weißbrot in dünne Scheiben und stechen daraus mit einer Tasse runde Taler aus. Die werden in der Teflonpfanne mit wenig Butter von beiden Seiten goldgelb angeröstet. Darauf kommen die Lachsbuletten, die sie von jeder Seite rund drei Minuten gebraten haben. Ein Weißbrotdeckel drauf, mit der Sauce umgießen – und damit kann das Weihnachtsmenü bei »Pott un Pann« beginnen.

Zur Feier des Feiertages gibt es als Getränk was ganz besonders Gutes: Champagner. Wer nicht so auf Prickelpitt steht, bedient sich bei den Stillweinen, hier eignen sich beispielsweise Weißburgunder, Chablis oder ein Tokai aus dem Friaul.

Entenbrust

mit asiatischen Gewürzen

Zutaten (6 Personen):

3	Entenbrüste
150 g	Sojasprossen
150 g	Shitake-Pilze
150 g	TK-Erbsen
1 EL	süß-saure Chilisauce
2 EL	Sojasauce
1 EL	neutraler Honig
1/2 TL	scharfer Senf
1 TL	gehackter Ingwer
3	Orangen
1	Bund Frühlingszwiebeln
1	Messerspitze Zimt
1	Messerspitze Kardamom
	Traubenkernöl
	Pfeffer, Salz

Wer in diesen Tagen einen Spaziergang in Bremens schöner Umgebung unternimmt, dem begegnen dabei in zahlreichen Dörfern possierliche Tiere mit weißem Federkleid. Die schnattern munter drauf los und wissen noch gar nicht, welches Elend in den nächsten Tagen auf sie zukommt. Schließlich schmurgeln in etlichen Bremer Backöfen am Weihnachtsfeiertag kapitale Gänse.

Es geht jedoch auch eine Nummer kleiner, statt Gans tische ich Ihnen heute Ente auf. Genauer gesagt, deren fleischige Brüste. Begleitet werden sie von einer fernöstlich inspirierten Sauce sowie von verschiedenen Gemüsen. Vielleicht etwas ungewohnt für deutsche Zungen an einem bremischen Esstisch, aber durchaus ein respektabler Weihnachtsbraten.

Zur Begriffsbestimmung: Wenn ich von Entenbrüsten schreibe, dann meine ich in Wirklichkeit Brusthälften, denn bekanntlich besteht auch bei der Ente die Brust aus zwei Teilen. Da jedoch die Filets als halbe Brüste gehandelt werden, gehe ich von drei solchen schieren Stücken mit Haut für sechs Personen aus. Wenn extreme Fleischesser mit am Tisch sitzen, nehmen Sie einfach ein Stück mehr.

Zunächst jedoch zur Sauce. Dafür muss zumindest eine der drei Orangen unbehandelt sein, denn von der reibe ich die Schale ab oder ziehe mit dem Zestenreißer dünne Streifen aus der Oberfläche. Alle Orangen halbieren und auspressen.

Den Saft in einem Topf auf etwa die Hälfte des Volumens einkochen. Ich gebe sodann die weiteren Zutaten dazu: Die Orangenschale, 2 Esslöffel Sojasauce, 1 Esslöffel süß-saure Chilisauce aus dem Asienladen, 3 Esslöffel Traubenkernöl (oder ein anderes neutrales Öl) sowie die würzenden Zutaten Zimtpulver, Kardamom, Senf, Honig und den Ingwer. Alles einmal aufkochen lassen, gut durchmischen, abschmecken mit Salz und Pfeffer, die Sauce schmeckt am besten lauwarm.

Nun zur Hauptsache, den Entenbrüsten. Die werden von Ihrem Geflügelhändler sorgfältig pariert, das heißt, der gute Mann (oder Frau) schneidet alles ab, was an einen leckeren Braten nicht drangehört. Die schieren Brüste schneiden Sie vor dem Braten mit einem scharfen Messer auf der Hautseite rautenförmig ein, möglichst ohne bis ins Fleisch vorzudringen.

Die so vorbereiteten Brüste in einer beschichteten Pfanne ohne Fettzugabe zunächst auf der Hautseite scharf anbraten, dann auf der Fleischseite. Das dauert auf jeder Seite zwei bis drei Minuten. Die Pfanne mit den Brüsten nun in den auf 100 Grad vorgeheizten Backofen schieben und eine halbe Stunde bei dieser relativ

niedrigen Temperatur ziehen lassen. Ganz zum Schluss die Grillschlange anwerfen und der Haut noch kräftig Hitze aufs Dach geben, damit sie schön kross wird. Das Fleisch in schräge Scheiben schneiden, erst jetzt mit Salz und Pfeffer würzen.

Während der Bratzeit können Sie sich um die Beilagen kümmern, es gibt bunte Gemüse und feinen Basmatireis. Den Reis gründlich waschen, in Salzwasser garen und ausdämpfen lassen. Für das Gemüse die Sojasprossen putzen, abspülen und abtrocknen, die Shitake-Pilze putzen und in Streifen schneiden, die Frühlingszwiebeln in Ringe zerlegen.

In einer großen hochwandigen Pfanne oder im Wok zunächst die Sojasprossen und die Frühlingszwiebeln in Traubenkernöl anbraten. Nach zwei Minuten die Pilze zufügen. Nach zwei weiteren Minuten die aufgetauten Erbsen dazugeben und ebenfalls unter Rühren eine Minute anbraten. Mit Salz und Pfeffer würzen.

Nun kann auch schon gegessen werden. Auf vorgewärmten Tellern richten Sie zunächst die Scheiben von den Entenbrüsten dekorativ an. Gemüse und Reis daneben platzieren und schließlich das Fleisch und die übrigen Zutaten mit der exotischen Sauce um- und übergießen. Weihnachten auf dem Teller mal nicht urdeutsch, sondern ein bisschen Multikulti.

Den passenden Wein sollten Sie sich vielleicht unter folgenden Angeboten aussuchen: Kalifornischer Zinfandel, Gewürztraminer aus dem Elsass, ein Roter aus dem Roussillon oder aus Australien.

Karamellisierte Ananas

mit Sektsabayon als Dessert im Weihnachtsmenü

Zutaten (6 Personen):

150 g Zucker
150 g Bitterschokolade
0,3 l Sahne
fb l Milch
fh Vanilleschote
1 Ananas
6 Eigelb
Butter
Zucker

Für die Sauce:

100 g Zucker
0,15 l Sekt brut
1 Ei
2 Eigelb
Limonenschale

Lachs-Burger verspeist, Entenbrüste vertilgt, Weiß- und Rotwein haben geschmeckt, aber für ein Dessert ist bestimmt noch Platz. Wie schon bei Vor- und Hauptspeise habe ich auch beim Nachtisch eine Spur von kulinarischem Mulitikulti einfließen lassen, es gibt karamellisierte Ananasscheiben mit einem Sektsabayon und Schokoladenparfait.

Wie schon bei den anderen Gängen lege ich großen Wert darauf, dass sie einen Großteil der Vorbereitungen schon frühzeitig treffen können, damit das gemütliche Beisammensein nicht durch ständige Abwesenheit der Köchin oder des Kochs getrübt ist. Für das Dessert lässt sich das Schokoladenparfait bestens am Vortag zubereiten.

Oft geschrieben, oft gelesen – die Sache beginnt mit einer englischen Creme. Dafür die Eigelbe mit dem Zucker schaumig rühren. Die Milch mit dem ausgekratzten Mark der Vanilleschote einmal aufkochen lassen. Die etwas abgekühlte Vanillemilch mit dem Eizucker vermischen und im Wasserbad oder bei milder Hitze unter ständigem Rühren zur Rose abziehen, das heißt: so lange weiter erwärmen, bis eine Bindung eintritt. Wer dann die Hitze nicht sofort abstellt, hat geronnenes Eigelb im Topf. Keine schöne Bescherung!

Das passiert heute natürlich nicht, der Topf wurde rechtzeitig vom Feuer gezogen. Nun die geschmolzene Bitterschokolade unterziehen und die Masse auf Eis runterkühlen. Schließlich schlage ich noch die Sahne ganz steif und arbeite sie dann mit dem Gummischaber sorgfältig unter die Grundmasse. In eine Schüssel oder in Portionsförmchen füllen, mit Pergament oder Klarsichtfolie abdecken und für mindestens fünf Stunden in den Gefrierschrank stellen.

Der Hauptdarsteller des Desserts ist eine reife, aromatische, frische Ananas. Die schäle ich sehr sorgfältig, schneide sie längs in Viertel, kann dann den harten Kern herausschneiden und zerlege diese Viertel in Scheiben. In einer beschichteten Pfanne in Butter braten und mit braunem Zucker bestreuen. Der Zucker karamellisiert auf der tropischen Frucht, die nicht matschig weich werden soll.

Als verbindende Sauce zwischen Ananas und Schokoparfait gibt es einen Sektsabayon.

In einem Schneekessel das ganze Ei und die beiden Eigelbe zusammen mit dem Zucker schaumig rühren. Den knochentrockenen Sekt zufügen. Nun den Sabayon über Dampf aufschlagen. Dafür in einem Topf Wasser zum Kochen bringen und den Schneekessel draufstellen. Mit Ausdauer rund zehn Minuten schlagen, schlagen und schlagen. Hin und wieder den Zeigefinger in die Creme halten. Die darf natürlich nicht zu heiß werden, denn überall, wo Eier im Spiel sind, droht Überhitzungsgefahr. Die Wärme lässt sich gut regulieren, indem man den Topf mehr oder weniger auf die heiße Platte zieht.

Langsam, aber sicher wird die Eiermasse dicklich, gewinnt an Volumen. Zum guten Schluss würze ich noch mit feinen Streifen von der dünn geschälten Schale einer unbehandelten Limette. Einfacher geht es mit einem so genannten Zestenreißer.

Die Form oder die Formen mit dem Parfait etwa zwanzig Minuten vor dem Genuss des Desserts in den Kühlschrank stellen, so taut das Halbgefrorene ein bisschen an. Die Formen mit dem Schokoladenparfait kurz in heißes Wasser tauchen, den Inhalt auf Teller stürzen, bei einer großen Form die Portionen mit einem in heißes Wasser getauchten Löffel abstechen. Das Parfait mit den karamellisierten Ananasscheiben umrahmen und alles mit dem Sabayon begießen. So findet das Weihnachtsmenü 2000 einen tropischen Ausklang, den Sie mit einer Riesling-Beerenauslese von der Mosel vortrefflich begleiten können.

Luftige Mousse von Räucheraal

mit Rettich als Auftakt im Weihnachtsmenü

Zutaten (6 Personen):

300 g	Aalfilet
0,25 l	Sahne
0,1 l	Fischfond
2	Blatt weiße Gelatine
	Rettich
	Worcestersauce
	Zitrone
	Pfeffer, Salz

Parfaits und Mousses haftet immer ein bisschen das Image von Alete-Kost an: Allenfalls etwas für Kleinkinder oder zahnlose Omas. Doch weit gefehlt! Die Schäume sind zarte, luftige Träume und damit wie geschaffen für ein festliches Menü. Langer Schreibe kurzer Sinn: Als Auftakt im diesjährigen Festtagsessen von »Pott un Pann« gibt es eine Mousse von Räucheraal, die mit Rettich oder Radieschenstreifen auch noch etwas zum Beißen mit auf den Weg bekommt.

Diese Vorspeise hat für den gestressten Hobbykoch oder die vom Weihnachtstrubel entnervte Hausfrau den unbestreitbaren Vorteil, dass sie wunderbar vorbereitet werden kann. Sie sitzen also von Anfang an mit am Tisch, wenn sich die mehr oder weniger ausgehungerte Festgesellschaft über das Weihnachtsessen hermacht.

Sie machen sich dafür jetzt über die Zutatenliste her, sie gilt zu Weihnachten für sechs Personen, weil an diesen Tagen erfahrungsgemäß der eine oder andere Gast mehr am Tisch sitzt. Vom Aalfilet suchen Sie die schönsten Stücke mit zusammen 100 Gramm Gewicht aus und schneiden diese in Rauten oder Würfel. Fertig ist die Dekoration mit Geschmack.

Von der Sahne 0,2 Liter steif schlagen, den Rest zusammen mit 0,1 Liter Fischfond – der darf ruhig aus dem Glas oder vom Fischhändler fertig gekauft sein – kräftig einkochen. Am Ende der Prozedur sollen etwa vier Esslöffel Flüssigkeit im Topf übrig sein. Darin die in kaltem Wasser eingeweichte und gut ausgedrückte weiße Gelatine auflösen.

Die restlichen 200 Gramm Aal werden grob zerkleinert und zusammen mit der etwas abgekühlten Fischsauce in der Moulinette oder im Mixer fein zerkleinert. Perfektionisten streichen die Farce noch durch ein feines Sieb. Nun die geschlagene Sahne unterheben, die Masse mit Salz, Pfeffer, je einem Spritzer Zitrone und Worcestersauce abschmecken. In eine Schüssel füllen, mit Klarsichtfolie abdecken und in den Kühlschrank stellen. Vor neugierigen Lustessern sichern!

Der Rest ist am Feiertag eine Sache von Minuten. Den Rettich schälen, dünne Scheiben schneiden, die dann in feine Streifen zerlegt werden. Wer nicht auf Radi steht, kann auch Radieschen nehmen.

Mit einem in heißes Wasser getauchten Löffel vorsichtig Nocken abstecken und auf Tellern anrichten. Die Aalmousse wird mit ganzen Aalstücken umlegt, die Rettichstreifen dazugeben, vielleicht ein getoastetes Stück Graubrot dazu reichen, und wer unbedingt so etwas wie weihnachtliches Grün auf dem Teller haben will, garniert mit einem Dillzweig.

Viel wichtiger als Dill ist natürlich ein angemessenes Getränk. Das könnte in diesem Fall ein kräftiger Grauburgunder sein, eine trockene Spätlese aus Baden wäre eine gute Wahl. Neben dem kräftigen Räucheraal hätte auch ein Silvaner aus Franken eine gute Chance.

Sanft gekochter Tafelspitz

als Hauptgang im Weihnachtsmenü

Dieses Jahr hat der Weihnachtsbraten vier Beine und war zu Lebzeiten als Rind unterwegs. Möglichst artgerecht gehalten, gesund gefüttert und nett behandelt. Ein besonders gutes Stück davon kommt auf die Weihnachtstafel – der Tafelspitz. Der darf ruhig zwei bis zweieinhalb Kilo wiegen, was übrig bleibt, lässt sich sehr gut einfrieren. Gegenüber der Gans ist dieses gekochte Fleisch »Du darfst« hoch zwei, denn magerer geht es kaum. Nicht schlecht nach und vor all der Fettlebe.

Das Stück aus der Hüfte hat der Fleischer bestens präpariert, kein Fett, keine Sehnen oder sonst etwas, was man nicht gern im Mund hat, hängen noch dran. Das abgespülte und trockengetupfte Fleisch in einen großen Topf geben und knapp mit kaltem Wasser bedecken. Langsam zum Kochen bringen, sanft köcheln lassen, mehrfach abschäumen. Erst jetzt das klein geschnippelte Suppengemüse und die Zwiebeln sowie die Gewürze und das Salz zufügen. Wer den Schnippelkram von Anfang an mitkocht, holt beim Abschäumen die Hälfte wieder raus.

Nun simmert der tolle Tafelspitz also vor sich hin – und sie müssen nichts machen. Höchstens die Gemüse vorbereiten: Karotten, Sellerie oder Teltower Rübchen schälen und in mundgerechte Stücke schneiden. Kartoffeln schälen und je nach Größe halbieren oder vierteln.

Beim Fleisch darauf achten, dass das Prachtstück nicht sprudelnd kocht. Dazu ein Stück Tarmstedter Küchen-Prosa: Das Wasser soll lächeln, nicht lachen! Alles in allem zwei bis drei Stunden, dann ist der Festtagstafelspitz so richtig schön mürbe und dennoch saftig. Aus der Brühe nehmen, selbige durchsieben, einen halben Liter für die Sauce abnehmen, im Rest die Kartoffeln und Gemüse garen. Das Fleisch warm stellen.

Nun geht es an die Sauce. Dafür die 0,5 Liter Brühe auf einen Viertelliter reduzieren, mit der Hälfte der Sahne aufgießen, die andere Hälfte steif schlagen. In die Brühe frischen Meerrettich reiben. Bitte nicht so sparsam, die Sauce soll eindeutig Schärfe haben. Zehn Minuten durchkochen, mit dem Mixstab aufschäumen, die geschlagene Sahne unterheben und dann geht es an den Feinschliff. Salz, Pfeffer, Zitrone. Und noch einmal frischen Meerrettich, da muss einfach noch Schärfe ran, der gekochte ist ein zahnloser Tiger geworden. Schließlich den Schnittlauch in Röllchen schneiden und unterheben.

Ach, da ist ja noch der Hauptdarsteller. Der durfte ein wenig ruhen und sich entspannen, nun schneiden Sie ihn quer zur Faser auf, würzen die Scheiben mit Salz und Pfeffer und richten sie auf einer vorgewärmten Platte an. Mit etwas Brühe beträufeln, so bleibt das Fleisch saftig. Dazu gibt es das Bouillongemüse und die feine Sauce.

Und was steuert der Weinkeller dazu bei? Einen kräftigen Weißen vielleicht, einen Chardonnay oder etwas Gehaltvolles aus der Burgunderfamilie. Und beim Thema Rot reicht das Spektrum vom deutschen Spätburgunder über italienischen Chianti bis zum spanischen Rioja und – Bordeaux schmeckt immer.

Zutaten (6 Personen):

2 kg	Tafelspitz
0,25 l	Sahne
1	Bund Schnittlauch
2	Zwiebeln
1	Suppengrün
10	Pfefferkörner
2	Nelken
1	Lorbeerblatt
	Wasser
	Meerrettich
	Zitrone
	Pfeffer, Salz

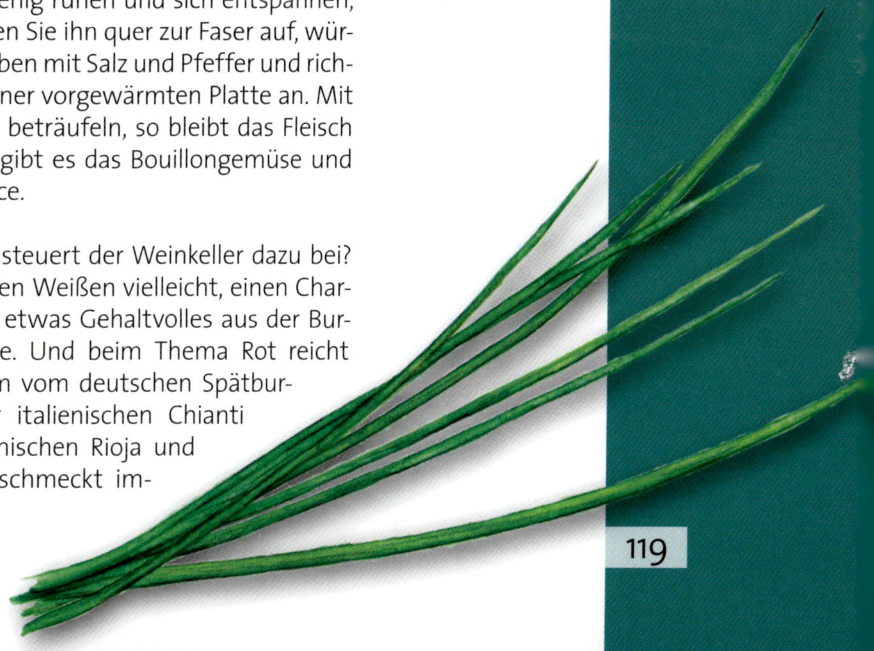

Zimtparfait

mit gefülltem Bratapfel als Dessert

Zutaten (6 Personen):

100 g	Marzipanrohmasse
100 g	Zucker
50 g	Walnüsse
50 g	Rosinen
0,25 l	Milch
0,4 l	Sahne
0,1 l	Weißwein
1 EL	Zimt
2 EL	Puderzucker
1	Vanilleschote
6	Eigelb
6	Äpfel
	Zucker
	Zimt
	Butter

Es gibt Aromen, die passen besonders gut zur Weihnachtszeit. Zimt gehört dazu, Mandeln und Nüsse auf jeden Fall, Marzipan nicht zu vergessen. Simsalabim wird aus allen dreien und noch ein paar mehr das Dessert im diesjährigen Weihnachtsmenü von »Pott un Pann«. Kaltes und Heißes werden dabei kombiniert, es gibt ein Zimtparfait mit gefülltem Bratapfel.

Da fügt es sich an den hektischen Weihnachtsfeiertagen gut, dass beispielsweise das Zimtparfait sehr gut vorzubereiten ist. Nur die Bratäpfel werden frisch in den Ofen geschoben und dann gemeinsam mit dem aus dem Kälteschlaf erweckten Parfait serviert. Wie immer im Weihnachtsmenü sind die Rezepte für sechs Personen berechnet. Wer Weihnachten außer der Reihe feiern will, kann mit minimalen Kenntnissen in Grundrechenarten die Mengen verkleinern – oder eben entsprechend mehr essen. Frisch ans Werk für das Parfait! Die Vorbereitungen beginnen mit der Milch. Die wird mit der aufgeschlitzten Vanilleschote einmal aufgekocht – nicht übergekocht. Die Schote herausfischen, das Mark auskratzen und wieder in die Milch geben.

Den Zucker mit den Eigelben schaumig rühren, bis sich die Zuckerkristalle möglichst gut gelöst haben. Die etwas abgekühlte Milch dazu, gut durchrühren, in den Topf zurückgeben und Feuer frei. Natürlich ganz sanft und unter ständigem Rühren. Die Masse darf nämlich nicht kochen, sondern nur bis zur Bindung erhitzt werden. Ist der Punkt überschritten, gibt es Pudding im Topf und lange Gesichter. Bei Ihnen natürlich nicht, die Creme wird auf Eiswasser heruntergekühlt und sodann mit der steif geschlagenen Sahne und dem Zimt vermischt. Nun müssen Sie nur noch entscheiden, ob das Zimtparfait in Portionsförmchen oder einer großen Form gefroren werden soll. Ich plädiere für kleine Förmchen oder Tassen, fülle Sie mit der Parfaitmasse, decke sie mit Frischhaltefolie ab und friere sie ein. Der Winterschlaf dauert bis etwa eine halbe Stunde vor dem Servieren des Desserts. Dann hole ich die Förmchen aus dem Tiefkühler und stelle sie in den Kühlschrank. Zeit, damit das Parfait seinen wunderbaren Schmelz entwickelt und sie keinen braunen Betonklotz auf dem Teller haben.

Für die Bratäpfel sechs Früchte waschen und mit dem Ausstecher das Gehäuse, die Blüte und den Stängel entfernen. In die Löcher fülle ich eine Mischung aus Marzipanmasse, gehackten Walnüssen, Rosinen und etwas Puderzucker. Die gefüllten Äpfel in eine gebutterte, feuerfeste Form stellen, Butterflocken draufsetzen, mit Zucker und Zimt bestreuen, etwas Wein angießen und bei 220 Grad für eine gute halbe Stunde in den Backofen schieben, in dem vielleicht bis vor kurzem noch die Gans schmurgelte.

Auf tiefen Tellern anrichten. Das Parfait dazu am Rand der Förmchen mit einem kleinen Messer lösen und stürzen, einen Apfel mit etwas Buttersauce danebenlegen. Wer noch ein verbindendes Element sucht und küchentechnisch routiniert ist, verwöhnt seine Lieben zusätzlich mit einer Vanillesauce. Aber muss das wirklich sein? Die Schlemmereien zum Fest haben ohnehin beivielen schon wieder für verheerende Wirkung an den beliebten Stellen von Po bis Taille gesorgt. Auf die guten Vorsätze für das neue Jahr!

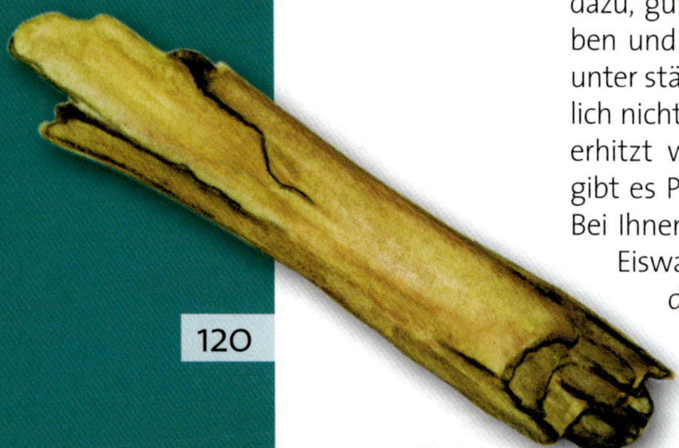

Index

A

Ananas
- garniert die Schokoladencreme 104
- karamellisiert 116

Äpfel
- mit Calvados als Crêpes-Füllung 97
- in Riesling gedünstet 100
- als Bratapfel 120

Auflauf
- würzig-rustikal 56

B

Bandnudeln
- zu Miesmuscheln 32
- mit Tomaten und Basilikum 38
- zum Steinpilzragout 44
- zu gefüllten Tintenfischen 61
- zu Beinscheiben vom Kalb oder Rind 75

Béarnaise
- Sauce 54

Beinscheiben
- vom Kalb oder Rind im Ofen geschmort 75

Bohnen
- grüne, im Salade Niçoise 22
- flache, grüne, im Frühlingssalat 24
- mit Salbei 52
- zu geschmorten Lammhaxen 78

Bolognese
- Sauce 34, 37

Bratapfel
- zum Zimtparfait 120

Bulgur
pikant angemacht 48

C

Cabanossi
im kräftigen Eintopf 28
Calvados
als Apfel-Calvados-Füllung zu Crêpes 97
im Weinschaum zu gedünsteten Äpfeln 100
Carpaccio
vom Kohlrabi 12
von Steinpilzen 44
Crêpes
hauchdünn, mit Apfel-Calvados-Füllung 97

E

Eintopf
mit grünen Linsen, Tomaten 28
Entenbrust
mit asiatischen Gewürzen 114
Erdbeeren
mit Vanillesauce und gerösteten Mandeln 98
Petit Fours als Dessert 99

F

Falafel
mit einer Kruste aus Sesamkörnern 42
Fenchelrisotto
zum Seeteufel mit Tomaten 103
Fonds
klassisch 45
Fischfond 60

zum Hasenrücken 76
Rinderfond 90
Frühlingsrollen 13

G

Garnelenschwänze
im Leipziger Allerlei als Salat 20
Gemüsestreifen
zum Seelachsfilet 70
Gulasch
Masala-geschärft 86

H

Hackbraten
aus Rinderhack mit grünem Pfeffer,
Kapern und Sardellenfilets 80
Hackfleisch
als Lammfleischbällchen 15
im würzig-rustikalen Auflauf (Lamm) 56
in ausgehöhlten Zucchinis (Rind) 74
als Hackbraten 80
in Kohlrouladen 84
Hasenrücken
gebraten, mit Rosenkohl 76
Hühnerfrikassee 82

J

Joghurtsauce
mit Minze 15
zum Falafel mit Eisbergsalat 42
zu ausgehöhlten Zucchinis 74

K

Kabeljaufilet
gebraten, mit exotischem Gemüse 60
mit lauwarmem Kartoffel-Radieschen-Salat 106
Keulen
von der Taube im Consommé 26
vom Suppenhuhn im Hühnerfrikassee 82
von der Poularde, in Noilly-Prat-Sauce 87
vom Kaninchen, geschmort 108
Kohlrabi
als Carpaccio 12
in einer Lachs-Kohlrabi-Lasagne 103
Kohlrouladen 84
Kokosmilch
als Krönung in einer cremigen
Suppe von Schwarzwurzeln 27
im exotischen Gemüse zu
gebratenem Kabeljau 60
Krebsschwänze
im Leipziger Allerlei als Salat 20
Kruste
aus Sesamkörnern 42
vom würzi-rustikalen Auflauf 56
vom Schweinebraten 79
von Rinderrouladen 89
der Crème brûlée 96
Kürbis
im herbstliches Risotto 33

L

Lachs
- in einer schaumigen Selleriesuppe 30
- in einer Lasagne mit Kohlrabi 62
- sanft gebraten 64
- als Alternative zu Rotbarsch 68
- Burger vom Lachs 112

Lammfleisch
- als Bällchen, gefüllt mit Schafskäse 15
- im würzig-rustikalen Auflauf 56
- geschmorte Lammhaxen 78
- im Masala-geschärften Gulasch 86

Lammhaxen
- geschmort, mit Kurkuma und Chilischoten 78

Lasagne 34

Linsen
- grün, im kräftigen Eintopf 28
- als Backhilfe für Petits Fours 99

M

Miesmuscheln
- mit Bandnudeln 32

Morchelsuppe 29

P

Parmesan
- zum Carpaccio von Kohlrabi 12
- zum Salat nach Art des Frühlings 24
- über Miesmuscheln mit Bandnudeln 32
- zum herbstlichen Risotto 33
- über klassischer Lasagne 35

über selbst gemachten Ravioli 37
zu Tagliatelle 38
als Fischbeilage über grünem Spargel 58
zu sanft gegartem Lachsfilet 69
über ausgehöhlten Zucchinis 74
Pellkartoffeln
zu pochierten Eiern mit Spinat 50,
zu Beinscheiben vom Kalb oder Rind 75
Pizza
aus dem heimischen Backofen 46
Porree
im Auflauf 56
Poularde
statt Suppenhuhn im Frikassee 82
in Noilly-Prat-Sauce 87

R

Räucheraal
in einer cremigen Suppe von Schwarzwurzeln 27
als luftiges Mousse 118
Rauke
als Bett für das Carpaccio von Kohlrabi 12
im Salat nach Art des Frühlings 24
als Pizzabelag 47
Ravioli
mit Ricotta gefüllt 37
Rinderfilet
im Nasi Goreng 36
mit Shitake-Pilzen und Paprika
in scharfer Kokos-Sahne 88

Rinderrouladen 89
Risotto
mit Kürbis 33
Fenchelrisotto zum Seeteufel mit Tomaten 103
Roquefort
zum rustikalen Salat 21
Rosa Champignons
dünn gehobelt, mit dicker Sahne 16
Rosenkohl
zum Hasenrücken 76
Rotbarschfilets
sanft gebraten, mit milder Senfsauce 68
Rucola siehe Rauke

S

Salade Niçoise 22
Salat nach Art des Frühlings 24
Salbei
zu Bohnen, im Bierteig 52
zu ausgehöhlten Zucchinis 74
Sauerbraten 90
Sauerkraut
zum Schweinebraten 79
Schafskäse
als Füllung der Lammfleischbällchen 14
Schmorgurken
in Sauerrahm, zu Lachs 64
Schokoladencreme 104
Schweinebraten
mit knuspriger Kruste und Sauerkraut 79

Schweinefilet
im rustikalen Salat 21
im Nasi Goreng 36
als Wiener Schnitzel mit Spargel 92
Seelachsfilets
mit Gemüsestreifen und Basmatireis 70
Seeteufel
mit Tomaten und Fenchelrisotto 103
Sektsabayon 116
Selleriesuppe 30
Senfsauce 68
Spargel
als köstlicher Salat 18
im Leipziger Allerlei als Salat 20
als Fischbeilage 58
im klassischen Hühnerfrikassee 82
zum Wiener Schnitzel 92
Speckwürfel
zu Vollkornspätzle 40
Spinat
jung, mit Rosinen, Mandeln und
exotischen Gemüse 14
zu Rotbarsch in Senfsauce 68
Spitzkohl
zu Vollkornspätzle 40
exotisch, zu gebratenem Kabeljau 60
Steinpilze
als Carpaccio 44
in Butter gebraten und geschmort 44
als Ragout 44

T

Tafelspitz 120
Tagliatelle
  zu Miesmuscheln 38
Taube
  als Consommée 26
Thunfisch
  auf der selbst gemachten Pizza 46
  paniert in Sesamsaat, mit Champignons 72
  als Mousse 102
Tintenfische
  gefüllt mit verschiedenen Gemüsen 61

V

Vinaigrette
  Orangen-Vinaigrette 18
  Weißwein-Vinaigrette 20
  kräftig 22
  würzig 24
  im Kartoffel-Radieschen-Salat 106
Vollkornspätzle 40

W

Weißwein-Vinaigrette 20
Wok-Küche 55

Z

Zimtparfait
  mit gefülltem Bratapfel 120
Zucchini
  ausgehöhlt, mit Hackfleisch gefüllt 74